Flüstern der Seele

Verirrte Vögel

RABINDRANATH TAGORE

FLÜSTERN DER SEELE

VERIRRTE VÖGEL

WERNER KRISTKEITZ VERLAG

Diese Ausgabe basiert auf der von Rabindranath Tagore einzig autorisierten deutschen Ausgabe in der Übersetzung von Helene Meyer-Franck, erschienen im Kurt Wolff Verlag, München 1921. Der Text und seine von der Übersetzerin in kaum übertreffbarer Weise wiedergegebene poetische Sprache blieb, wo immer möglich, unverändert. Nur an wenigen Stellen wurden kleine Fehler korrigiert, zwei fehlende Abschnitte in »Verirrte Vögel« ergänzt und die Rechtschreibung heutigen Gepflogenheiten behutsam angepasst.
Die zugrunde liegenden englischsprachigen Fassungen stammen von Rabindranath Tagore selbst.

ISBN 978-3-932337-49-9

Internet: www.kristkeitz.de

Inhalt

Flüstern der Seele 7
(Thought Relics)

Verirrte Vögel 115
(Stray Birds)

Flüstern der Seele

LETZTE NACHT träumte mir, ich war wieder ein Knabe wie damals, bevor meine Mutter starb. Sie saß in einem Zimmer eines Gartenhauses am Ufer des Ganges. Ich ging achtlos vorbei, ohne sie zu bemerken, als es plötzlich in meinem Bewusstsein aufblitzte, dass meine Mutter da war, und eine unsagbare Sehnsucht mich ergriff. Ich wandte mich sofort und ging zu ihr zurück, und indem ich mich tief vor ihr neigte, berührte ich ihre Füße mit meiner Stirn. Sie nahm meine Hand, sah mir ins Antlitz und sagte: »Da bist du ja!« I

In dieser großen Welt gehen wir achtlos da vorbei, wo die Mutter sitzt. Ihr Vorratsraum ist offen, wenn wir Speise brauchen, unser Bett ist bereit, wenn wir schlafen wollen. Nur jene Berührung und jene Stimme sind nicht da. Wir gehen umher, aber nie kommen wir ihr persönlich nahe, dass sie unsre Hand fassen und uns begrüßen kann: »Da bist du ja!«

2 FRÜHER wusste ich gar nicht, dass ich kurzsichtig bin. Als ich einmal zufällig eine Brille aufsetzte, merkte ich plötzlich, dass ich allen Dingen nähergekommen war. Mir war, als hätte ich mit einem Mal den doppelten Anteil an der Welt erhalten als bisher.

So ist es auch, wenn wir die Welt durch die Seele sehen. Sie wird uns so nahe gerückt und so vertraut, dass uns ist, als ob wir in die Heimat zurückkehrten. Sie wird ganz unser Eigen, wie ein Instrument erst wirklich unser Eigen wird, wenn wir ihm seine Musik zu entlocken verstehen.

RELIGIÖSES Leben ist Befreiung des Bewusstseins. Wenn 3
wir zu solchem Leben gelangt sind, finden wir überall unmittelbaren Zugang zur Seele. Bis dahin sehen wir die Menschen durch das Medium des Eigennutzes oder der Vorurteile, das uns wie ein Nebelvorhang von allen Dingen trennt. Wenn dieser Vorhang sich hebt, sehen wir nicht nur die lebendigen Formen der Welt, sondern kommen ihrem ewigen Wesen nahe, das unaussprechliche Schönheit ist.

Einige suchen den Beweis für die religiöse Wahrheit in der Außenwelt. Dabei stößt man vielleicht auf Geister oder irgendwelche übersinnliche Naturerscheinungen, aber diese führen uns ebenso wenig zur religiösen Wahrheit, wie die Wörter eines Wörterbuches uns Poesie vermitteln.

4 HEUTE feiern wir das Jahresfest unsres Ashram[1], da ist es Zeit, dass die Wahrheit in Gestalt der Schönheit als Seele dieses Ortes ihren Ausdruck finde. Darum haben wir unsere Lampen angezündet. Heute Morgen stieg die Sonne hell strahlend herauf; als die Dämmerung anbrach, hielten die Sterne ihre Lichter hoch. Aber das genügt uns nicht. Solange wir selbst unsre kleinen Lampen noch nicht angezündet haben, leuchtet die Lichterwelt am Himmel vergeblich; solange wir selbst uns nicht festlich bereiten, liegt all die reiche Pracht der Welt stumm und wartend da, wie die Harfe, die der Berührung der Finger wartet.

1 Die vom Dichter in der Einsiedelei seines Vaters gegründete Schule. (Anm. d. Übers.)

UM DIE Welt der Natur brauche ich mich nicht zu sorgen. 5
Die Sonne wartet nicht darauf, dass ich sie putze und anzünde.

Aber diese kleine Welt meines Selbst nimmt vom frühen Morgen an all meine Gedanken in Anspruch. Ihre Bedeutung liegt darin, dass sie mir als meine Welt gegeben ist; darin, dass ich die Macht habe, sie nach meinem Geist zu gestalten und sie mir innerlich verwandt zu machen; darin, dass ich in ihr dem Herrn der ganzen Welt gastliche Herberge bieten kann.

6 IN UNSRER Alltagswelt leben wir in Armut, wir müssen mit unsern Mitteln sorgsam haushalten, unsre Kraft ist bald am Ende, und wir kommen zu unserm Gott und betteln, dass er unserm Leben Freude gebe. An Festtagen aber kargen wir nicht, da entfalten wir unsern Reichtum und fühlen uns Gott gleich in unserm Spenden. An solchem Tage bringen wir ihm unsre eigene Freude als Gabe dar. Und dann sind wir ihm wahrhaft nahe, wenn nicht unsre Not, sondern unsre Freude uns zu ihm führt.

UNSER Leben erreicht seinen höchsten Augenblick, wenn 7
es unsern Gott gastlich aufnehmen kann. Wir leben in Gottes Welt und vergessen ihn selbst, denn wer immer nur an-
nimmt, ohne selbst zu geben, findet nie die Wahrheit. Wir
gleichen der Wüste, die Regen empfängt, ohne Früchte dafür zurückzugeben, und so hat ihr Empfangen keinen Sinn.
Gott gibt uns seine Welt, und erst indem wir unsre Welt
Gott darbieten, machen wir uns seine Gabe zu eigen.

8 ALS ICH, unbekümmert um die große Welt da draußen, mich in meinem Arbeitszimmer einsperrte, entwickelte sich allmählich in mir der Glaube, dass ich unentbehrlich sei. Von allen Mitteln, deren die Natur sich bedient, um den Menschen zur Arbeit zu zwingen, ist dies stolze Gefühl der Unentbehrlichkeit das wirksamste. Wer für Geld arbeitet, arbeitet nur soweit, als sich die Arbeit bezahlt macht; was darüber hinausginge, würde er als Verlust betrachten. Aber wen der Stolz zur Arbeit antreibt, der kann sich nie genug tun.

Ich war so eifrig in meinem Glauben an meine Unentbehrlichkeit, dass ich kaum Atem zu schöpfen wagte. Mein Arzt warnte mich wiederholt und sagte: »Nun hören Sie einmal auf und gönnen sich Ruhe!« Aber ich erwiderte: »Wie soll die Sache weitergehen, wenn ich ruhe?« Da versagte meine Gesundheit, die Räder meines Wagens brachen, und er blieb hier unter diesem Fenster liegen. Von hier blickte ich hinaus in den grenzenlosen Raum. Da sah ich den Siegeswagen der Zeit an mir vorbeirollen: Seine unzähligen Räder blitzten, kein Staub erhob sich, kein Lärm, nicht einmal eine Spur blieb auf dem Weg zurück. Plötzlich kam ich zur Besinnung. Ich sah klar, dass die Sache ohne mich ging. Da war keine Gefahr, dass diese Räder anhielten oder auch nur im geringsten schleiften, weil irgendein einzelner Mensch fehlte.

Aber kann man sich so leicht mit dieser Tatsache abfinden? Selbst wenn ich sie mit Worten zugebe, so wehre ich mich innerlich doch dagegen. Wenn es wirklich ganz gleich wäre, ob ich da bin oder nicht, wie könnte mein Selbstgefühl da auch nur einen Augenblick im Weltall Platz finden? Worauf könnte es sich stützen? Bei all der Fülle, von der Zeit und Raum wimmeln, war es doch nicht möglich, dies mein Selbst auszulassen. Die Tatsache, dass ich unentbehrlich bin, wird bewiesen durch die Tatsache, dass *ich bin*.

SELBSTGEFÜHL ist der Preis, der uns für unsre Existenz 9
gezahlt wird. Um diesen Preis ertragen wir standhaft alle Mühen und Beschwerden, die mit der Erhaltung unsres Daseins verbunden sind. Darum sagen die Buddhisten, dass die Zerstörung des Selbstgefühls die Zerstörung der Wurzel des Daseins bedeutet, denn ohne Selbstgefühl lohnt es sich nicht mehr zu leben.

Wie dem auch sei, dieser Preis wird aus irgendeinem Fonds gezahlt, mit andern Worten, es wird irgendwo Wert darauf gelegt, dass ich da sei, und die Größe des Preises gibt mir den Maßstab dafür, wie viel an mir gelegen ist. Das ganze Weltall – jedes einzelne Molekül und Atom – nimmt teil an dem Wunsch, dass ich da sei. Dieser Wunsch ist es, der mein Selbst mit Stolz erfüllt, der es macht, dass dies unendlich kleine Ich nicht kleiner und an Wert geringer ist als irgendein andres Wesen im Weltall.

10 DER MENSCH hat das Daseinsverlangen, das er in sich trägt, auf zweierlei Weise gedeutet. Die einen halten es für eine Laune der schöpferischen Macht, die andern für die freudige Selbstoffenbarung der schöpferischen Liebe. Und je nachdem der Mensch sein Dasein als Offenbarung der Macht oder der Liebe ansieht, setzt er sich sein Lebensziel.

Der Wert, den unser Sein durch die Macht erhält, sieht ganz anders aus als der, den es durch die Liebe erhält. Auf dem Feld der Macht führt uns unser Selbstgefühl in ganz entgegengesetzte Richtung als auf dem Feld der Liebe.

MACHT lässt sich messen. Ihr Umfang, ihr Gewicht, ihr 11
Moment der Kraft, alles lässt sich unter die Gerichtsbarkeit der Mathematik bringen. Daher ist es das Bestreben derer, die die Macht als Höchstes schätzen, an Umfang zuzunehmen. Sie wollen immer nur Zahlen vervielfältigen, Zahlen von Menschen, von Geldsummen, von Machtmitteln jeder Art. Bei ihrem Streben nach Erfolg opfern sie den Reichtum anderer, die Rechte anderer, das Leben anderer; denn Opfer ist das eigentliche Wesen des Machtkultus, und die Erde ist von dem Blut solchen Opfers gerötet.

Der unterscheidende Zug des Materialismus ist die Messbarkeit seiner äußeren Gestalt, die gleichbedeutend ist mit der Endlichkeit seiner Grenzen. Bei allen Streitigkeiten zivil- und strafrechtlicher Art, die in der Geschichte der Menschheit gewütet haben, handelte es sich meistens um diese Grenzen. Wenn man seine eigenen Grenzen erweitern will, muss man notwendig die anderer schmälern. Da also Machtstolz gleichbedeutend ist mit Stolz auf Menge, so kann uns auch das stärkste Fernrohr, wenn es auf Macht gerichtet ist, nicht die Küste des Friedens offenbaren, die jenseits der See von Blut liegt.

12 ABER wenn wir darangehen, diese Bestände und Kräfte der Macht zusammmenzuzählen, finden wir, dass sie doch nicht eine stetig wachsende Reihe sind. Während wir dem Prinzip der Kräftehäufung folgen, stolpern wir plötzlich über das Prinzip der Hemmung, das uns den Weg versperrt. Wir entdecken, dass es nicht nur Vorwärtsbewegung, sondern auch Pausen gibt. Und wir finden immer wieder in der Geschichte, dass alle Mal, wenn die Macht in ihrer Blindheit dies Gesetz des Rhythmus zu durchbrechen suchte, sie Selbstmord beging. Daher kommt es, dass die Menschen noch immer der Geschichte vom Turmbau zu Babel gedenken.

So sehen wir, dass das Prinzip der Macht, dessen äußerer Ausdruck Umfang ist, weder die endgültige noch die höchste Wahrheit ist. Es muss seinen Lauf hemmen, um mit dem Rhythmus des Weltalls Schritt zu halten. Selbstbeschränkung ist das Tor, das zum Guten führt. Der Wert des Guten lässt sich nicht nach Menge und Ausdehnung messen. Wer ihn in sich erkannt hat, schämt sich nicht seiner Lumpen und Fetzen. Er schleudert seine Krone in den Staub und schreitet hinaus auf die Heerstraße.

WENN wir vom Prinzip der Macht zum Prinzip der Schönheit gelangen, so erkennen wir mit einem Mal, dass wir die ganze Zeit einem falschen Götzen Opfer brachten; dass die Macht von dem Blut ihrer Opfer anschwillt, bis sie zerbirst; dass, wie sehr wir uns auch anstrengen, indem wir unsre Heere und Rüstungen vergrößern, unsre Flotten ausbauen, unsern Anteil an der Kriegsbeute aufhäufen, all unsre Rechenkünste uns nicht helfen können, um die Lüge in Wahrheit zu verwandeln; dass wir am Ende von der Last all der toten Dinge, mit denen wir uns beladen, zermalmt werden. 13

Als der Rishi Yājñavalkya am Vorabend seines Scheidens seinem Weib Maitreyi seine irdischen Güter übergeben wollte, damit sie im Wohlstand leben könne, rief sie aus: »Was soll ich mit Gütern anfangen, die mir nicht zur Unsterblichkeit helfen?«

Welchen Nutzen hat es, wenn man immer nur sammelt und sammelt und sammelt? Wenn wir den Umfang und die Tonhöhe unsrer Stimme aufs Äußerste steigern, erreichen wir nichts als ein schrilles Kreischen. Musik können wir nur erlangen, wenn wir den Ton zurückhalten und ihn zu rhythmischer und melodischer Vollendung formen.

Der Mensch wächst zur Riesengröße, wenn er alles an sich rafft; er gelangt zur Harmonie, wenn er sich aufgibt. In dieser Harmonie ist Friede – ein Friede, der nicht durch äußere Organisationen und Koalitionen zwischen Macht und Macht erreicht wird, sondern der auf Wahrheit ruht und in Selbstlosigkeit und verstehender Liebe besteht.

14 DIE FRAGE ist: Durch welches Prinzip gelangt mein Wesen zu seinem vollsten Wert, durch das Prinzip der Macht oder durch das der Liebe? Wenn wir die Macht als unsre eigentliche Wahrheit ansehen, so müssen wir auch den Kampf als unvermeidlich und ewig anerkennen. Viele moderne europäische Schriftsteller behaupten, die Religion des Friedens und der Liebe sei nur eine unsichere Rüstung, in der die Schwachen Schutz suchen, aber die von den Naturgesetzen nur wenig respektiert werde. Das, was furchtsame Religionsprediger als Gottlosigkeit verdammten, das allein sei der sichere Weg zum Erfolg.

Dies wird von der andern Schule nicht ganz geleugnet. Sie gibt diese Behauptungen als Prämissen zu, allein sie sagt:

Adharmeṇaidhate tāvat, tato bhadrāṇi paśyati,
tataḥ sapatnāñ jayati – samūlas tu vinaśyati.

Durch Gottlosigkeit gedeihen sie, durch sie erlangen sie, was sie begehren, durch sie besiegen sie ihre Feinde – aber sie verdorren an der Wurzel.

ES IST noch dunkel, der Tag wird gleich dämmern. Die 15
Händler, die sich zum Jahrmarktsfest eingefunden hatten, haben die Winternacht um die angezündeten Feuer sitzend mit Gesang verbracht. Jetzt schicken sie sich an, aufzubrechen, um sich wieder nach allen Richtungen zu zerstreuen. Ihr Lärm schallt misstönend in den Gesang der Vögel hinein und stört die Stille des Morgens.

Denn der Mensch steht da, wo die Wege sich scheiden. Seine Saiten müssen zu einer tieferen und komplizierteren Musik gestimmt werden als die der Natur. Der Mensch hat seinen Verstand, der überlegt, und seinen Willen, der seinen eigenen Weg sucht. Diese haben noch nicht die volle Harmonie mit ihrer Umgebung gefunden. Daher sind sie geneigt, in hässlichen Missklang auszubrechen.

Aber gerade in dieser Hässlichkeit liegt die große Hoffnung für die Zukunft. Denn diese Missklänge sind nicht einfach Tatsachen, die wir als solche anerkennen müssen; sie sind hässliche Tatsachen. Dies gibt uns jeden Augenblick die Gewissheit, dass sie nicht das sind, was sie sein sollten; sie sind unvollkommen, und gerade weil sie uns Schmerz verursachen, geben sie uns Hoffnung.

16 WIR SIND wie der verirrte Vers eines Gedichts, der fühlt, dass er auf einen andern Vers reimt und diesen finden muss, um zu seiner Erfüllung zu gelangen. Dies Suchen nach dem noch nicht Erreichten ist der große Antrieb im Menschen, der seine besten Schöpfungen hervorbringt. Der Mensch ist sich tief bewusst, dass im Grunde seines Wesens ein Zwiespalt ist; er sehnt sich, ihn zu überbrücken, und irgendetwas sagt ihm, dass es die Liebe ist, die ihn zur endgültigen Versöhnung führen kann.

UNSRE Beziehung zur Welt ist tief persönlich. Sie gründet 17
sich nicht auf bloßes Wissen oder praktischen Gebrauch. All unsre Beziehungen zu Tatsachen haben ein unendliches Medium, das Naturgesetz; all unsre Beziehungen zur Wahrheit haben ein unendliches Medium, die Vernunft; all unsre persönlichen Beziehungen haben ein unendliches Medium, die Liebe.

Wir sind keine bloßen Gegebenheiten in dieser Welt, wir sind Persönlichkeiten. Und daher können wir uns nicht damit begnügen, auf dem Strom der Ereignisse dahinzutreiben. Wir haben das zentrale Ideal der Liebe, durch das wir unserm Dasein Harmonie geben sollen; wir haben in unserm Leben eine Wahrheit zu offenbaren: dass wir Kinder des Ewigen sind.

18 GESTERN Abend, als ein kalter, schneidender Nordwind wehte, errichteten sich die Markthändler in aller Eile eine Art Schutz aus Zweigen und Laubwerk. Trotz seiner Dürftigkeit war dies Obdach doch in dem Augenblick ihr dringendstes Bedürfnis. Aber heute Morgen hören wir sie schon vor Tagesanbruch nach ihren Ochsen rufen und ihre knarrenden Karren unter den Bäumen hervorziehen. Jetzt ist ihr dringendstes Bedürfnis, ihr Obdach wieder zu verlassen.

Wenn unsre Bedürfnisse nicht beständig wechselten, wenn sie wie eine unbewegliche Last auf uns lägen, würden sie alles Dasein zermalmen. Im Augenblick seufzen wir wohl über die Vergänglichkeit der Dinge, und doch würde die Unvergänglichkeit aller Dinge Verzweiflung für uns bedeuten. Vergänglichkeit und Unvergänglichkeit – zwischen diesen beiden entgegengesetzten Strömen haben wir unsre Wohnstatt und unsre Freiheit gefunden.

DAS PFERD, das vor den Wagen gespannt ist, ist nur ein 19
Teil des Wagens. Herr des Wagens ist der, der ihn lenkt, ohne an ihn gebunden zu sein. Wir sollen mit ganzer Kraft arbeiten und uns doch die Freiheit unsres Geistes wahren. Denn unsre Taten müssen vor allem ein Ausdruck der Freiheit sein, sonst gleichen wir Rädern, die sich drehen, weil sie von außen dazu gezwungen werden. Es gibt eine Harmonie zwischen Tun und Lassen, zwischen Nehmen und Verzichten, die wir erreichen müssen.

Der tägliche Fluss unsres Gebets trägt unser Selbst in das höchste Selbst hinein; er lässt uns die Wirklichkeit jener Fülle empfinden, zu der wir gelangen, indem wir uns selbst aufgeben; er lässt unser Bewusstsein sich ausbreiten in einer weiten Welt des Friedens, wo alle Bewegungen Schönheit sind und alle Beziehungen Wahrheit, weil sie ganz selbstlos und daher vollkommen frei sind.

20 UNSER Wille gelangt zu seiner Vollendung, wenn er eins mit der Liebe ist, denn nur Liebe ist wahre Freiheit. Diese Freiheit liegt nicht in der Verneinung des Zwanges. Sie nimmt freiwillig Knechtschaft auf sich, weil Knechtschaft sie nicht fesselt, sondern nur ihre volle Tiefe und Wahrheit erkennen lässt. Befreiung aus der Sklaverei besteht im Aufhören des Dienens, aber Freiheit besteht im Dienen selbst.

In einem bengalischen Volkslied heißt es:

»Nicht Schmerz noch Freude sind der Liebe Ende,
Denn nur in Liebe endet sie;
Wenn sie uns bindet, gibt sie uns die Freiheit,
Sie fesselt nicht, sie macht aus zweien eins.«

DIE LIEBE ist kein bloßer Impuls, denn sie ist Wahrheit, 21
und Wahrheit ist Gesetz. Sie nimmt Beschränkungen auf sich, gerade wegen ihres eigenen inneren Reichtums. Das Kind legt seinem Körper freiwillig Zwang auf, um sein Gleichgewicht zu halten, weil es an der Freiheit seiner Bewegungen wahre Freude hat; und auch der Liebe ist kein Preis zu hoch, um ihre Wahrheit zu offenbaren. Die Poesie ist viel strenger in ihrer Ausdrucksform als die Prosa, weil die Poesie die schöpferische Freude und Freiheit als Ursprung und Ziel hat. Wenn unsre Liebe zu Gott nach Ausdruck sucht, so ist sie sich ihrer Verantwortung voll bewusst. Sie ist streng in ihrer Rechtlichkeit und will den Verstand als Verbündeten haben. Denn da ihr Gegenstand unermesslichen Wert hat, muss sie sorgfältig sein in Bezug auf die Reinheit ihrer Münze. Wenn daher unsre Seele um die Gabe der Unsterblichkeit fleht, so ist ihr erstes Gebet: »Führe mich vom Schein zur Wahrheit.«

22 DER VATER arbeitet und schafft in seiner Welt, aber der Geliebte liegt schlafend in der dunklen Tiefe unsres Herzens. Er erwacht erst, wenn unsre eigene Liebe erwacht. Es mag paradox klingen, dass wir uns unsrer eigenen Liebe nicht bewusst sind, ebenso wenig wie wir uns der Tatsache bewusst sind, dass wir von der Erde um die Sonne getragen werden. Aber die Wahrheit ist, dass ein großer Teil unsres Wesens im Dunkel bleibt und dass wir eine unmittelbare Erkenntnis unsres Wesens nur an seiner Oberfläche haben, da wo unser Geist mit den zeitlichen Bedürfnissen und Gärungen unsres Lebens beschäftigt ist.

IN LIEBE erwachen heißt nicht, in einer Welt von Lieblich- 23
keit erwachen, sondern in der Welt heldenhaften Strebens, wo das Leben seine Ewigkeit durch den Tod gewinnt und die Freude ihren Wert durch Leiden. Da die Wahrheit ihre überzeugendste Bestätigung durch die Liebe findet, muss diese sich durch alles offenbaren, was uns zu berauben droht. Die Armut fürchtet sich vor dem geringsten Verlust, aber der Reichtum ist verwegen in seinem Verschwenden. Liebe ist Reichtum der Seele, und daher offenbart sie sich durch höchsten Mut und Tapferkeit. Und weil sie aus sich selbst schöpft, bettelt sie nicht um das Lob der Menschen, und keine Verfolgung von außen kann sie erreichen.

24 DIE WELT der Dinge, in der wir leben, verliert ihr Gleichgewicht, wenn sie ihren Zusammenhang mit der Welt der Liebe verliert. Dann müssen wir mit unsrer Seele zahlen für das, was an sich ganz wertlos ist. Und dies kann nur geschehen, wenn die Kerkermauern der Dinge uns als dauernd und endgültig bedrohen. Dann entstehen furchtbare Kämpfe, Eifersüchteleien und Gewaltsamkeiten, ein Ringen um Raum und um Möglichkeiten, denn beide sind begrenzt. Wir empfinden schmerzlich das Übel, das darin liegt, und versuchen allerlei Maßnahmen, um uns in den engen Grenzen unsres verstümmelten Seins zu behelfen. Doch es gelingt nicht. Nur der hilft uns, der durch sein Leben beweist, dass wir eine Seele haben, die im Königreich der Liebe ihren Wohnsitz hat, und dass die Dinge ihren eingebildeten Wert und ihre tyrannische Gewalt über uns verlieren, wenn wir zu unsrer geistigen Freiheit gelangen.

ES FÄLLT uns schwer, uns aus der Gewalt unsrer erworbe- 25
nen Güter zu befreien. Denn der Zug ihrer Schwerkraft geht nach dem Zentrum unsres Selbst. Die Kraft vollkommener Liebe aber wirkt in entgegengesetzter Richtung. So kommt es, dass uns die Liebe von dem Gewicht der Dinge befreit. Was wir brauchen, um frei zu sein, ist nicht ein Nachlassen des Druckes von außen, sondern Liebe, die die Kraft hat, die Last der Welt nicht nur mühelos, sondern auch freudig zu tragen.

26 NUR WEIL wir uns den Pfad in die innere Welt abgeschnitten haben, ist die äußere Welt so furchtbar in ihren Forderungen geworden. Es bedeutet Sklaverei, wenn wir beständig in einer Welt leben, wo die Dinge zwar da sind, aber ihren Sinn nicht erfüllen können. Nur weil wir in unsrer Blindheit das nicht erkannt haben, worin unser Dasein seine Wahrheit findet, konnte es dahin kommen, dass die Menschen behaupten, das Dasein sei ein Übel. Wenn ein Vogel versucht, nur mit einem seiner Flügel in die Luft emporzufliegen, schilt er den Wind, dass er ihn in den Staub wirft. Alle halben Wahrheiten sind vom Übel. Sie schmerzen, weil sie etwas versprechen, was sie nicht halten. Der Tod schmerzt uns nicht, aber wohl die Krankheit, weil sie uns beständig an die Gesundheit erinnert und sie uns doch vorenthält. Und so ist auch das Leben in der äußeren Welt allein ein Übel, weil sie Vollkommenheit vortäuscht, wo ihre Halbheit doch augenscheinlich ist, und uns den Becher reicht ohne den Trank des Lebens.

WENN wir zum Schauspiel des Lebens kommen, so setzen 27
wir uns in unsrer Torheit mit dem Rücken der Bühne zu. Wir sehen die vergoldeten Pfeiler und Dekorationen, wir beobachten das Kommen und Gehen der Menge, und wenn zum Schluss das Licht ausgelöscht wird, fragen wir uns verwirrt, was denn der Sinn von dem allen ist. Wenn wir unsern Blick auf die innere Bühne richteten, so könnten wir das ewige Liebesdrama der Seele sehen und uns vergewissern, dass es wohl Pausen, aber kein Ende hat, und dass all die großartigen Zurüstungen der Welt wohl ihren Sinn haben und nicht ein glänzender Fiebertraum bloßer Dinge sind.

28 WIR BEURTEILEN die Natur nur von außen, wenn wir sie in unserm Geist von der menschlichen Natur trennen und sie wegen ihrer Mitleidslosigkeit und Ungerechtigkeit tadeln. Wenn auch der brennende Docht über den Mangel an Licht in dem übrigen Teil der Kerze zürnt, so ist in Wahrheit doch in ihm das Licht der ganzen Kerze vereint. Schranken sind notwendige Begleiter jeder Ausdrucksform, und wir wissen, dass das positive Element der Sprache nicht ihre Schwierigkeit ist. Wenn wir die Natur nur von der Seite der Schranken und Hemmungen betrachten, so erscheint sie uns als der Idee der Sittlichkeit feindlich. Aber wenn dies schlechthin wahr wäre, so könnte überhaupt kein sittliches Leben entstehen. Das Leben, sowohl das sittliche als auch das physische, ist nicht eine fertige Tatsache, sondern ein beständiges Werden, und seine Entwicklung hängt von zwei entgegengesetzten Kräften ab, von der Kraft des Widerstandes und der des Ausdrucks. Wir kommen nicht weiter, wenn wir diese Kräfte in zwei einander entgegengesetzte Prinzipien teilen, denn die Wahrheit besteht nicht im Gegensatz, sondern in seiner beständigen Aussöhnung.

DER ÄSTHETISCHE Sinn, der zum wahren Verständnis 29
einer Dichtung nötig ist, ist die Gabe, die Einheit des Kunstwerks im Licht der Fantasie zu schauen. Der Glaube hat dieselbe Aufgabe dem Leben gegenüber. Er ist ein geistiges Sehorgan, das uns befähigt, instinktiv das Bild des Ganzen zu erfassen, wo wir tatsächlich nur die Teile sehen. Skeptiker mögen dieses Bild als eine Halluzination verspotten, sie mögen die Tatsachen so auswählen und anordnen, dass sie jenes Bild widerlegen, und doch zweifelt der Glaube nicht an seinem eigenen unmittelbaren Erfassen der inneren Wahrheit, die verbindet und aufbaut und heilt und zu einem Ideal der Vollendung hinführt. Der Glaube ist die spontane Erwiderung unsres Wesens auf das alles durchdringende Ja, und daher ist er die größte aller schöpferischen Kräfte im menschlichen Leben. Er ist keine bloße passive Anerkennung der Wahrheit, er ist ein stets tätiges Sichmühen, zu der Harmonie mit jenem ruhigen Gleichmaß zu gelangen, das das Gesetz der Bewegung in der Schöpfung ist, mit jener Güte, die das Gesetz der Vereinigung in der menschlichen Gesellschaft ist, mit jener Einheit der Liebe, die das Gesetz der Selbstverwirklichung in der Seele ist. Die bloße Tatsache der unzähligen Verstöße gegen das Gesetz sind einem Menschen, dem die Gabe des Glaubens zuteilwurde, ebenso wenig ein Beweis, dass es ein solches Gesetz nicht gibt, wie das Vorkommen falscher und schriller Töne den Musiker an der Wahrheit der Musik zweifeln lässt. Es spornt ihn nur zu eifrigem Bemühen an, die Verstöße zu beseitigen und die Harmonie herzustellen.

30 DER TAG bricht im Osten auf wie eine Knospe, die ihre Hülle durchbricht, um sich als Blüte zu entfalten. Doch wenn dies nur ein Ereignis der Außenwelt wäre, wie könnten wir dann Zugang dazu haben? Es ist ein Sonnenaufgang am Himmel unsres Bewusstseins, es ist eine neu erblühte Schöpfung in unserm Leben.

Öffne deine Augen und sieh! Fühle diese Welt, wie eine lebendige Flöte den Hauch der Musik empfinden würde, der durch sie hingeht, fühle den Gruß der schöpferischen Freude in der Tiefe deines Bewusstseins. Tritt diesem Morgenlicht entgegen in der Erhabenheit deines Daseins, wo du *eines* Wesens mit ihm bist. Aber wenn du mit abgewandtem Gesicht dasitzest, dann errichtest du eine trennende Schranke in dem ungeteilten Reich der Schöpfung, wo das schöpferische Bewusstsein mit den äußeren Vorgängen sich begegnet.

DIE DUNKELHEIT ist das, was unser Bewusstsein auf 31
unser eigenes Selbst beschränkt. Sie verbirgt uns die große Wahrheit, dass wir eins sind mit der Welt, und erzeugt Misstrauen und Streit. Während wir im Dunkeln tasten, stoßen wir gegen Dinge, an die wir uns anklammern und die wir dann für das Einzige halten, was wir haben. Wenn das Licht kommt, lassen wir sie los, denn wir sehen, es sind nur Teile des großen Ganzen, mit dem wir verbunden sind. Dies ist Befreiung, Befreiung aus der Eingeschlossenheit in unserm Selbst, aus der Eingeschlossenheit in den Dingen, die unsern Besitzsinn zu wilder Intensität steigern. Unser Gott ist jene Befreiung, denn er ist Licht, und in diesem Licht finden wir unsre Wahrheit: vollkommene Verbundenheit mit allem.

32 IM DUNKEL nimmt die Furcht unbegrenzte Dimensionen an, weil sie der Schatten des Selbst ist, das seinen Stützpunkt im All verloren hat, des Selbst, das ein Zweifler und Ungläubiger ist, das immer den Nachdruck auf das Negative legt und einzelne Tatsachen aus ihrem Zusammenhang reißt und zu furchtbaren Zerrbildern entstellt. Im Licht aber finden wir die Harmonie der Dinge und erkennen, dass die Welt groß ist und dass daher auch wir groß sind; wir sehen, dass, wie die Erkenntnis der Wahrheit wächst, alle Konflikte aufhören, denn das Dasein selbst ist Harmonie.

IN DER NATUR hat die Wahrheit im Gesetz und die Freude in der Schönheit Gestalt angenommen. Es ist unbedingt nötig für uns, dass wir die Wahrheit erkennen, aber von der Freude brauchen wir keine Notiz zu nehmen. Es wäre bedenklich für unser Leben, wenn wir vergäßen, dass es am Morgen hell wird, aber wir können ruhig vergessen, dass der Morgen schön ist, und doch leben. 33

Im Reich der Wahrheit sind wir gebunden, im Reich der Schönheit sind wir frei. Wir müssen Gott huldigen, wo er regiert, aber wir können ihn verlachen, wo er liebt. Er hält uns gebunden, wo er selbst sich bindet, er gibt uns Freiheit, wo er unendlich ist. Die größte Macht der Schönheit liegt in ihrer Bescheidenheit. Sie macht dem Geringsten von uns Platz, sie wartet schweigend. Sie will unser Alles oder nichts, daher fordert sie nicht. Sie duldet still, wenn wir sie zurückweisen, aber sie bleibt in Ewigkeit.

34 EIN BEKANNTER von mir ist plötzlich gestorben, und ich habe wieder einmal mit dem Tod Bekanntschaft gemacht, dem alltäglichsten aller Gemeinplätze in dieser Welt.

Der Moralist will uns durch die Betrachtung des Todes zu der Erkenntnis führen, dass die Welt eine Täuschung ist. Aber sich den Verzicht auf die Welt leicht machen, indem man sie herabsetzt, heißt weder wahr noch tapfer sein. Denn ein Verzicht auf Dinge, die ihren Wert verloren haben, ist überhaupt kein Verzicht.

Im Gegenteil, die Welt ist so wirklich, dass die Räder des Todes keine Spur auf ihr zurücklassen. Die Täuschung liegt in dem Glauben, dass dies unser Ich der Welt auch nur das Geringste zu seinem eigenen dauernden Gebrauch rauben könne. Der Tod hat es nur mit unserm Ich und nicht mit der Welt zu tun. Die Welt verliert auch nicht ein Atom, unser Ich ist es, das vom Tod getroffen wird.

ES GIBT Menschen, die eine statische Auffassung vom 35
Leben haben, die nur darum ein Weiterleben nach dem Tod ersehnen, weil es ihnen um Fortdauer, nicht weil es ihnen um Vollendung zu tun ist; sie sind glücklich in der Vorstellung, dass die Dinge, an die sie gewöhnt sind, immer dauern werden. Sie identifizieren sich im Geist vollständig mit ihrer gewohnten Umgebung und mit dem, was sie angesammelt haben, und das alles verlassen zu müssen, bedeutet ihnen Tod. Sie vergessen, dass der wahre Sinn des Lebens das Überleben ist, das stetige über sich selbst Hinauswachsen. Die Frucht klammert sich an den Stängel, die Schale an das Fleisch, das Fleisch an den Kern, solange die Frucht unreif ist, solange sie noch nicht zu weiterer Lebensentwicklung bereit ist. Ihre äußere Schale und ihr innerer Kern sind noch nicht unterschieden, und sie beweist ihr Leben nur durch die Kraft, mit der sie sich anklammert. Aber wenn ihr Same reif ist, dann löst sie sich von ihrer Umgebung ab, ihr Fleisch erlangt Wohlgeschmack und Süße und bietet sich allen, die seiner bedürfen, dar. Die Vögel picken daran, aber ihr tut es keinen Schaden, der Sturm reißt sie ab und schleudert sie in den Staub, aber ihr inneres Leben kann er nicht zerstören. Sie beweist ihre Unsterblichkeit dadurch, dass sie sich hingibt.

36 DIE HEILIGEN Schriften der Hindus betrachten die Welt als ein Ei. Wenn dies richtig ist, so muss dies Ei ein lebendiges Wesen einschließen, dessen Bestimmung es ist, durch seine Schale zu einem freieren Dasein hindurchzubrechen.

Während unsre Welt uns Nahrung und Schutz gibt, schließt sie uns von allen Seiten ein. Die enge Begrenztheit unsres Empfindens und Denkens ist die Schale, in die unser Bewusstsein eingeschlossen ist. Wenn wir ihre Grenzen nur um ein kleines Stück erweitern könnten, wenn ein paar von den unsichtbaren Strahlen in unsre Wahrnehmungssphäre gelangen könnten, wenn ein paar weitere Takte von dem Tanz der Schöpfung auf neuen Saiten unsrer Empfindung anklingen könnten, dann würde unser ganzes Weltbild vollständig verändert sein.

Aus der Begrenztheit unsres Empfindens und Denkens zu einer umfassenderen Freiheit zu gelangen, ist der Sinn unsrer Unsterblichkeit. Können wir uns in unserm gegenwärtigen Zustand der Gefangenschaft ein Bild von diesem Reich der Freiheit machen? Kann das Küchlein sich aus all den Einzelwahrnehmungen innerhalb seiner Eierschale eine Vorstellung machen von der Welt, in die hinein es geboren werden soll?

ZU DER Passivität, die die vorherrschende Tatsache des 37
Lebens innerhalb der Schale ist, stehen die Flügelansätze in leisem Widerspruch. Und wenn auch unser Leben in seiner gegenwärtigen Eingeschlossenheit sich zum größten Teil den Verhältnissen gehorsam anpasst, so regt sich doch in ihm unser Streben nach Freiheit und kämpft gegen Hindernisse, die endgültig scheinen. Dies sind unsre geistigen Flügel, sie finden erst ihren Sinn, wenn sie die volle Freiheit sich emporzuschwingen erlangt haben. Bedeutete unsre Unsterblichkeit nur ein endloses Fortdauern der uns einschließenden Schale, so müssten wir zugeben, dass diese ohnmächtigen Flügel nichts weiter als ein ewiges Hemmnis wären, von einer bösen Macht uns zum Fluch gegeben. Aber der Mensch hat von jeher Befreiung vom Gegenwärtigen, das endgültig scheint, gesucht. Während der Geist des Lebens in ihm nach Fortdauer strebt, strebt der Geist der Unsterblichkeit nach Befreiung.

38 DAS LEBEN des Samens in der Frucht ist ein ganz anderes als das Leben des wachsenden Baumes. So muss auch unser Leben, das an allen Seiten auf die Umgebung unsres Selbst und auf das eng begrenzte Gebiet unsrer Sinne beschränkt ist, so grundverschieden sein von dem Leben einer befreiten Seele, dass es uns unmöglich ist, uns dies vorzustellen, solange wir in der Hülle des Selbst eingekerkert sind. Und daher bitten wir, wenn wir um ewiges Leben bitten, um ewige Dauer von Gewohnheit und Behagen und vergessen, dass Unsterblichkeit ein unaufhörliches Zerbrechen der endlichen Formen des Lebens ist, um zur unendlichen Wahrheit des Lebens zu gelangen. Die, welche meinen, der wahre Sinn des Lebens läge in der Dauer der besonderen, uns vertrauten Formen, sind wie Geizige, die nicht einsehen können, dass das Geld nur seinen Sinn erfüllt, wenn es ausgegeben, wenn das Symbol in Wahrheit verwandelt wird.

ALL UNSRE Wünsche und Begierden konzentrieren nur unsern Willen auf das eng begrenzte Gebiet unsrer Erfahrung. Und sie werden hartnäckig und kampfbereit, wenn wir dies Gebiet für abgeschlossen halten und nicht glauben, dass wir darüber hinauskommen werden. In unsrer Kindheit wünschten wir uns, dass wir den Genuss irgendeiner Speise oder eines Spiels immer haben könnten, und konnten uns nicht vorstellen, dass wir in einem reiferen Alter ganz andere Neigungen und Interessen haben würden. Die, deren Vorstellung von einem Leben nach dem Tod sich auf die Neigungen ihres gegenwärtigen Lebens gründet, zeigen nur, dass ihnen der Glaube an ein ewiges Leben fehlt. Sie klammern sich an das, was sie haben, weil sie nicht glauben können, dass nur die Liebe selbst, die sie jetzt an das Gegenwärtige hängen, das Dauernde in ihrer Entwicklung ist und dass ihre Bestimmung ist, ein Ansporn, nicht eine Hemmung dieser Entwicklung zu sein. 39

40 DIE WELT des Schlafes ist der Untergrund des Lebens – es ist die Welt des Mutterleibes. Es ist die Welt, wo Gras und Bäume in ruhevoller Schönheit leben. Unser Bewusstsein hat sich aus ihrer Umarmung befreit und sich unabhängig erklärt. Seine Freiheit ist die Freiheit des Springbrunnens, der immer wieder zu seinem Ursprung zurückkehren muss, um sein Spiel zu erneuern. Die ganze Tiefe und Weite des stillen Wassers, aus dem er aufsteigt, hat ihr Spiel im Spiel dieses kleinen Springbrunnens. So wird auch in unserm Bewusstsein das ganze Weltall sich seiner bewusst. Daher muss dies Bewusstsein weit und allumfassend sein, um wahr zu sein. Unser Bewusstsein ist die Musik der Welt, ihr Tanz, ihr Gedicht. Es hat seine Ruhepausen an der Brust der Urmutter Schlaf, aus der es Unsterblichkeit trinkt.

IN DER Natur des Menschen ist eine Scheidung zwischen 41
dem Flüchtigen und dem Dauernden, die die Tiere nicht kennen, weil sie an der Oberfläche des Lebens leben. Daher besteht für sie nicht die Gefahr, dass sie versuchen, Dingen Dauer zu geben, die ihrer Natur nach vergänglich sind. Nur weil der Mensch in seiner inneren Welt Dauer verleihende Kraft hat, versucht er in seiner Unersättlichkeit auch seinen Begierden Dauer zu geben, indem er sie in das Elixier der Einbildung taucht. Diese Begierden gehören in die äußere Welt, und bei den Tieren treten sie auch ab, sobald sie ihre Rolle gespielt haben. Aber wenn wir versuchen, sie in unserm inneren Leben zu bewahren, so drücken wir ihnen fälschlich das Siegel der Ewigkeit auf. So dringt das Gefolge des Todes täglich in unser Land der Unsterblichkeit ein, und die Diener, die abgelohnt und entlassen werden sollten, erhalten Zutritt zu unserm Heiligtum.

42 REICHTUM ist das Symbol der Macht. Daher muss der Reichtum sich regen, wenn er vollkommen sein will. Denn Macht ist Handeln, ist Bewegung. Aber bloße Bewegung ist oberflächlich. Sie muss Wachstum und daher beständiger Zuwachs sein. Dieser Zuwachs ist etwas, was nicht nur im Werden ist, sondern auch etwas, was bleibt.

Vollkommenste Harmonie zwischen Bewegung und Ruhe, zwischen Werden und Sein, herrscht im geistlichen Leben, dessen Wesen Liebe ist. Liebe zu Gott, ja, Liebe in jeder Form erreicht ihr Ziel und kommt doch nie zum Stillstand. Wenn die Macht ihr Ziel erreicht, so macht sie halt und hütet sorgfältig das Erworbene. Die Liebe aber, wenn sie am Ziel ist, ist zur Unendlichkeit gelangt und gibt daher furchtlos ihr Alles hin.

DA WIR von Natur gesellig lebende Wesen sind, so müssen wir einen Teil unsrer Tatkraft darauf verwenden, den Fluss der Geselligkeit im Gang zu halten. Aber sein Feld und seine Tätigkeit liegen an der Oberfläche. Das leichte Wellengeriesel der Geselligkeit ist verschieden von den tiefen Strömen menschlicher Liebe. Wer starke gesellige Instinkte hat, hat nicht notwendig Menschenliebe. 43

Verschwendern fehlt es sehr häufig an wahrer Freigebigkeit. Meistens verstehen sie nicht zu geben, sondern nur auszugeben. Dies achtlose Ausgeben erzeugt eine Leere, die sie mit zersplitterter Geschäftigkeit auszufüllen suchen, deren einziger Zweck ist, die Zeit totzuschlagen.

44 ABER wir können es uns nicht leisten, unsre Einsamkeit zu vergeuden, in der der Unendliche seinen Thron hat. Wir können nicht wahrhaft füreinander leben, wenn wir nie von der Freiheit Gebrauch machen, allein zu leben, wenn unsre gesellschaftlichen Pflichten darin bestehen, dass wir einander helfen, unsre Seele zu vergessen. Wenn wir unsre ganze Kraft in dem Bemühen erschöpfen, einander Gesellschaft zu leisten, so betrügen wir die Welt um unser Bestes, um das, was aus dem Reichtum unsrer inneren Muße geboren wird. Die Gesellschaft vergiftet die Luft, die sie atmet, wo sie den Einzelnen in einem Wirbel von Zerstreuungen einschließt.

IN UNSERM Land gilt es als das größte Elend, wenn man 45
seinen Hofraum unter den Pflug bringen lassen muss. Denn in seinem Hofraum hat der Mensch sich den unermesslichen Reichtum des Raumes zu eigen gemacht. Draußen ist der Raum keine seltene Ware, aber der Mensch erhält sie erst zu eigen, wenn er sie in sein Heim bringen kann. Den Hofraum hat der Mensch zum Teil seines Heims gemacht. Hier strahlt das Licht der Sonne ihm als sein eignes Licht, und hier klatscht sein kleines Kind in die Händchen und plaudert mit dem Mond. Wenn nun der Hofraum nicht mehr frei daliegt, sondern als Ackerland dienen muss, so ist das Nest zerstört, worin der Mensch sich die ganze weite Welt zu eigen machen kann.

46 DER UNTERSCHIED zwischen einem wirklich reichen Menschen und einem Armen ist der, dass der Erstere sich große freie Räume in seinem Haus leisten kann. Die Möbel, mit denen ein reicher Mann sein Haus anfüllt, mögen noch so wertvoll sein, der freie Raum, mit dem er Hof und Garten groß macht, ist unendlich wertvoller. Die Geschäftsräume des Kaufmanns sind mit Vorräten vollgestopft, dort hat er nicht die Mittel, Räume leer zu lassen, und wenn er gleich Millionär ist, dort ist er arm. Aber in seinem Heim verspottet dieser selbe Kaufmann die haushälterische Nützlichkeit durch die Länge und Breite und Höhe seines Zimmers – gar nicht zu reden von der Größe seines Gartens – und gibt dem Raum den Ehrenplatz. Hier ist es, wo der Kaufmann reich ist.

Nicht nur unausgefüllter Raum, sondern auch unausgefüllte Zeit ist von höchstem Wert. Der Reiche kann sich aus seinem Überfluss Muße kaufen. Ja, es ist tatsächlich ein Zeugnis für seinen Reichtum, dass er ganze Strecken von Zeit brachliegen lässt, ohne dass der Mangel ihn zwingen kann, sie zu beackern.

Aber es gibt noch ein Gebiet, wo freier Raum den größten Wert hat – das ist das Gebiet des Geistes. Gedanken, die gedacht werden müssen, vor denen es kein Entrinnen gibt, sind bloße Plagen. Die Gedanken der Armen und Elenden klammern sich an ihren Geist wie der Efeu an einen verfallenen Tempel.

Schmerz füllt alle freien Räume des Geistes aus. Man kann die Gesundheit als den Zustand bezeichnen, wo das physische Bewusstsein brachliegt wie freies Heideland. Doch lasst nur die kleinste Zehenspitze von der Gicht berührt sein, gleich ist das ganze Bewusstsein bis in jeden Winkel hinein mit Schmerz angefüllt.

Wie man nicht in großem Stil leben kann ohne freie Räume, so kann der Geist auch nicht in großem Stil denken ohne freie Muße – sonst wird er seine Wahrheit im Kleinkram des Tages sehen. Und solche Alltagswahrheit trübt wie mattes Licht den Blick, weckt Furcht und Misstrauen und engt das Feld der Gemeinschaft unter den Menschen ein.

47 IN DER Gesellschaft erhalten wir unsern Platz nach einer bestimmten konventionellen Einschätzung, wie Spielsachen, die in den Schaufenstern nach ihrem Preis angeordnet sind. Dies lässt uns vergessen, dass wir keine Marktware sind, dass der gesellschaftliche Mensch nicht der ganze Mensch ist.

Als ich einmal den ganzen Tag auf dem Ganges fischte, hörte ich einen Fischer singen, von dem mein Bootsmann mir mit großer Ehrfurcht erzählte, er sei ein Mensch, der von Gott ergriffen sei. Ihn berühren die schwankenden Marktpreise nicht, denn er hat den unendlichen Wert der Seele gefunden, was die Herrscher der Welt nicht getan haben. In der Geschichte hat es Menschen gegeben, deren ewiger Wert noch heute anerkannt wird, aber diese Anerkennung ist nicht der einzige Beweis ihres Wertes. Denn das Unsterbliche besteht nicht in seiner äußeren Offenbarung, und dunkle Strahlen sind gleichwohl Strahlen, wenn wir sie auch nicht sehen. Das Bild dieses Fischers taucht vor mir auf, wenn ich bedenke, dass die Zahl derer nicht klein ist, deren Leben ein Epos von der Befreiung der Seele ist, aber deren Namen die Geschichte nie nennen wird.

UNSER Streben wird leicht, sobald es mit dem Streben der Gemeinschaft, in der wir leben, zusammenfällt. Die meisten Menschen trachten nach Gelderwerb, nicht nur weil das Geld nützlich ist, sondern weil alle andern auch danach trachten. Die Jagdlust des Wilden auf Köpfe wird unbezähmbar, wenn sie in seiner Gemeinschaft herrscht. Sobald der Wille der Mehrheit in uns wirkt, sind wir bereit, ihren Ansprüchen die Wahrheit selbst zu opfern. 48

Bei unserm Streben nach geistlichem Leben befallen uns Zweifel und versagt unsre Kraft vor allem darum, weil das Streben der Menge um uns her in andre Richtung geht. Deshalb muss unsre Sehnsucht nach dem Höchsten so wahr und stark sein, dass sie in allen Umständen dem Willen der Menge standhalten kann. Wir brauchen den ganzen Beistand des Ewigen im Kampf gegen den vereinten Angriff der Kollektivkräfte.

49 UNSRE Gedanken bewegen sich naturgemäß in dem sie umgebenden Element des menschlichen Geistes wie Vögel in der Luft. Diese geistige Atmosphäre wird fortwährend getrübt durch konträre Windströmungen, durch Zweifel und Verleugnungen, durch Leichtfertigkeit und Stolz; sie wird durch den Staub und Rauch der geschäftigen Welt verfinstert. Unsre geistigen Flügel brauchen Freiheit des Schwunges und Anmut der Bewegung; aber wenn sie beständig von allen Seiten durch lärmende Winde gestoßen werden, werden wir uns unsrer Schranken allzu sehr bewusst, und es wird uns schwer, zu jener Selbstvergessenheit zu gelangen, die zu unsrer Gemeinschaft mit dem Unendlichen nötig ist. Und doch muss die Aufgabe erfüllt werden, wir müssen den schwierigen Pfad einschlagen, der zum höchsten Ziel unsres Lebens führt. Die großen Lehrer haben immer ihren Weg aufwärts gefunden in die Einsamkeit im Unendlichen, in der allein die Seele ihren Gott finden kann, sie haben diesen Weg gefunden durch die Menge hindurch und für die Menge. Im Leben dieser Menschen sehen wir den Beweis unsrer unbegrenzten Kraft, und der Glaube, den wir so gewinnen, gibt unserm Streben die Freiheit gegenüber allem Missgeschick.

EIN TEIL von dem Wasser der Erde verflüchtigt sich und 50
steigt in die Lüfte empor. Und mit der Bewegung und Musik jener reinen Höhen strömt es herab, zurück zum Wasser der Erde, und macht es frisch und zuträglich. Ebenso steigt auch ein Teil des Menschengeistes aus der Welt empor und fliegt himmelwärts, aber dieser himmelanstrebende Geist erfüllt seine Bestimmung erst, wenn er zurückkehrt und sich mit dem erdgebundenen Geist mischt. Dies ist die Ventilation des religiösen Lebens, der Kreislauf der menschlichen Ideale zwischen Himmel und Erde.

51 WIR HÖREN erzählen von Schlammregen, Blutregen und dergleichen schrecklichen Erscheinungen. Diese zeigen sich, wenn die Reinheit der Atmosphäre besudelt und die Luft mit Schmutz geschwängert ist. Dann ist es nicht der Gesang des Himmels, der in reinigenden Schauern herabströmt, sondern die eignen Sünden der Erde, die auf sie zurückfallen. Dann wird unsre Religion selbst beschmutzt, der Kollektivegoismus unsres Volkes maßt sich fromme Namen an, und wir rühmen uns, dass Gott unser Führer sei, wenn unser Eigennutz und Hass ins Feld ziehen.

AUF DEN sündenbeladenen Staub der Erde fällt schmutzbeladener Regen aus der Luft herab. Schon lange warten wir auf das reinigende Bad im reinen Wasser aus der Höhe, immer wieder werden wir enttäuscht; Schlamm besudelt unsern Geist, und auch Blutspuren zeigen sich. Wie lange können wir noch fortfahren, dies immer wieder abzuwischen? 52

Selbst die reine Stille des Firmamentes ist machtlos, die Misstöne der Gebete um Frieden, die aus einer blutbefleckten Welt aufsteigen, zur Harmonie zu läutern.

Frieden? Wer kann wahrhaft um Frieden bitten? Nur die, die bereit sind zu verzichten.

Atha dhīrā amṛtatvaṃ viditvā
dhruvam adhruveṣv iha na prārthayante.

Die Menschen der stillen Seele, die die Unsterblichkeit erkannt haben, suchen nicht das Ewige in den Dingen des Augenblicks.

53 UNSRE Größten haben in ihren Erwartungen die höchste Achtung für die Menschheit gezeigt. Wir glauben an uns selbst aufgrund dessen, was von uns gefordert wird. Realisten gründen ihr Verhalten auf ihre Einschätzung der menschlichen Schranken. Daher haben die großen Schöpfungen der Geschichte, die Schöpfungen, die sich auf den Glauben an das Unendliche im Menschen gründen, ihren Ursprung nicht in dem so genannten gesunden Menschenverstand der Realisten. Wenn Buddha zu den Menschen sagte: »Breite deine Liebe ins Unendliche aus«, wenn Christus sagte: »Liebet eure Feinde«, so gingen diese Forderungen weit über den durchschnittlichen Maßstab des sittlichen Ideals in der Welt hinaus. Aber sie mahnen uns, dass unser wahres Leben nicht das Leben der Durchschnittsmenschen ist, und dass wir unerschöpfliche Kraftquellen in uns haben. Wir haben keinen Grund zu verzweifeln, denn die Worte jener großen Männer geben uns die höchste Hoffnung für das Menschengeschlecht.

ES IST die Pflicht des Menschen, durch seine Haltung die 54
Würde der Menschheit zu wahren – nicht nur um seiner
selbst willen, sondern auch, weil er für die andern verant-
wortlich ist. Der Mensch, der sich verkleinert, setzt nicht
nur seinen eignen Wert herab, sondern den der ganzen
Menschheit. Der Mensch erkennt sich als groß, wo er große Menschen sieht, und je echter solch Bild der Größe ist,
desto leichter ist es für uns, groß zu sein.

55 SOLANGE die Vögel noch nicht flügge sind, mag ihnen der Flug in die Lüfte wohl unmöglich erscheinen. Sie schließen mit scheinbarer Folgerichtigkeit von der Enge ihres Nestes auf die Begrenztheit ihrer Möglichkeiten. Aber allmählich kommen sie zu der Erkenntnis, dass ihre Nahrung nicht in ihrem Nest gewachsen ist, dass sie durch das unermessliche Blau zu ihnen getragen wird. Eine leise Stimme sagt ihnen, dass sie mehr sind als was sie sind, und dass sie die Botschaft der sich aufschwingenden Flügel und der frohen Lieder der Freiheit nicht verlachen dürfen.

JE MEHR wir uns vor dem Schmerz fürchten, desto mehr Versteckplätze aller Art bauen wir uns, um uns vor unsrer eignen Wahrheit zu verbergen. Unser Reichtum und unsre Ehre sind Barrikaden, die sich zwischen uns und unser wahres Selbst stellen. So werden wir vertrauter mit dem, was wir haben, als mit dem, was wir sind. Unsre Leiden aber wissen uns hinter unsern Deckungen aufzufinden; sie nehmen unsre künstlichen Stützen fort und stellen uns unsrer nackten Einsamkeit Auge in Auge gegenüber. 56

Diese völlige Entblößung unsres tieferen Selbst ist nicht nur nötig zur Selbsterkenntnis und Entdeckung unsrer innersten Hilfsquellen, sondern auch zu unsrer Läuterung. Denn unter der Schutzdecke von Wohlstand und Behagen sammeln sich jeden Tag Schmutz und faule Stoffe, die nur der hart reibende Schmerz beseitigen kann.

57 DAS ALTER ist klug, aber es ist nicht weise. Weisheit ist jene Jugend des Geistes, die uns befähigt einzusehen, dass die Wahrheit nicht in Schatzkästen von Grundsätzen aufbewahrt wird, sondern frei und lebendig ist. Große Leiden führen uns zu Weisheit, weil sie die Geburtswehen sind, durch die unser Geist von seiner Hülle der Gewohnheit befreit und nackt in die Arme der Wirklichkeit geboren wird. Weisheit ist wie das Kind, das durch Erkenntnis und Gefühl zur Vollendung gelangt ist.

DER MORGEN hat seine Vogellieder und der Tagesan- 58
bruch des Lebens hat die Musik des Kindes. In jedem Heim klingt diese Grundmelodie des Lebens mit ihren reinen Tönen an unser Ohr. Beständig legt sich der Staub der Menschenwelt auf ihre schönsten Blüten und die harte und schwielige Hand des Alters zerdrückt und besudelt sie, und doch strömt die tägliche Erneuerung der Menschheit ungehemmt in ihren endlosen Wiedergeburten. In jedem Kind wiederholt das Ewige seinen Ruf am Tor des Menschen, und der Morgen singt ungestört seine Botschaft.

Des Lebens Weckruf, der heute in dem jauchzenden Geschrei und fröhlichen Singen der Kinder um mich her zu mir kommt, erweckt ein Echo in meinem Herzen, und ich fühle, dass sie die wahre Stimme der Schöpfung sind, der Schöpfung, in deren innerstem Herzen der Geist des Kindes sein Nest hat.

59 DIESE Symphonie von Morgenlicht und Kinderlust erklingt mir nicht in reiner Freude. Denn in meinem Herzen mischt sich eine andre Weise hinein, die durch einen Schatten von Traurigkeit ihren Glanz dämpft. Es ist die Klage unerfüllter Hoffnung, unerreichter Harmonie. Die einfachen Töne reiner Vollkommenheit stoßen gegen die Kompliziertheiten des Lebens, das rau ist von Sprüngen und Brüchen, und ein Schluchzen der Qual breitet sich über meine Gedanken. Denn der Schmerz findet seine eigne Musik in den Tönen, die die Freude ihm vom Himmel bringt, und er wird durch sie zu Schönheit gerundet wie die Kiesel durch den lachenden Strom.

DAS DASEIN ist der ewig spielende Springquell der Un- 60
sterblichkeit. Badet eure Seele in seinem Wasser, ihr, die ihr
alt seid, und fühlt, dass ihr so jung seid wie die Blume, die
heute Morgen erblüht ist, und wie dies Licht, das das erste
Lächeln der Schöpfung noch frisch auf seinem Antlitz trägt.
Das ist Freiheit, ist Befreiung von dem Nebelschleier, der
jetzt noch euren Geist umhüllt und ihm den Anschein trüben Alters gibt; der euch die Wahrheit verbirgt, dass ihr
Kinder des Unsterblichen seid. Könnte das Kind dem Men-
schenherzen so viel Freude bringen, wenn Alter und Tod
Wahrheit wären? Kommt nicht jene Freude aus der unmittelbaren Erkenntnis der Wahrheit unsterblichen Lebens,
endlosen Wachstums und ewig erneuter Hoffnung auf Vollendung?

61 SCHMERZEN lindern, ihre Ursachen beseitigen ist des Menschen würdig. Dennoch müssen wir wissen, dass ein großer Teil unsrer Leiden darin begründet liegt, dass wir auf eine neue Daseinsebene gelangt sind, der unsre Natur sich noch nicht ganz angepasst und an die unser Geist sich noch nicht ganz gewöhnt hat. Aus der engen Vollkommenheit des Tierdaseins ist der Mensch in die Unvollkommenheit geistlichen Lebens gelangt, wo der Bürgerkrieg zwischen den Kräften unsrer primitiven Vergangenheit und den in die Zukunft weisenden uns den Frieden raubt. Da die Menschheit noch nicht ihre normale Stufe erreicht hat, ist sie in eine glühende Wolke von Leiden eingehüllt.

DES MENSCHEN Größe ist wie die Morgensonne, sie 62
steht vor ihm, fern am Horizont. Der Mensch lebt in Wahrheit in einem Leben, das jenseits seines Lebens liegt; er müht sich ab für einen unbekannten Herrn, er häuft Schätze für die Ungebornen, er überlässt die beste Ernte seines Lebens Schnittern, die erst kommen sollen; die zukünftige Zeit ist ihm mehr Wahrheit als die gegenwärtige. Der Mensch bietet sich allem zum Opfer, was in der Zukunft liegt; die Triebkraft seines Wachstums ist Erwartung. Alles dies zeigt, dass der Mensch noch nicht geboren ist, seine Geschichte ist eine Geschichte von Geburtswehen. Unsre Größten bringen uns in ihrem Leben die Botschaft von der künftigen Geburt des Menschen, denn sie leben in der Zeit, die da kommen soll, und bereiten sie für uns. Sie offenbaren uns ein Leben, dessen Herrlichkeit nicht in der Freiheit von Leiden besteht, sondern darin, dass sie ihre Leiden schöpferisch machen und in Lebensstoff selbst umwandeln. Ihr Leben gleicht dem Baum, der Sonnenlicht und -wärme in seinen Fasern sammelt, um sie in Schönheit und Fruchtbarkeit hervorbrechen zu lassen. Wenn der Mensch das Feuer des Schmerzes auslöscht, so findet er wohl Behagen, eine Zeit des Schlummers, einen Zustand, wo die Zeit stillsteht, eine eingekerkerte Gegenwart; aber wenn er dies Feuer meistert, so entzündet er seine Lampe der Weisheit, die der endlosen Zukunft leuchtet.

63 ES GIBT Leiden, bei denen uns die Frage kommt, ob wir sie verdienen. Aber wir wissen wohl, dass wir keine Antwort auf diese Frage finden. Daher hilft es uns nicht im Geringsten, wenn wir klagen, lasst uns vielmehr uns des Aufrufs, den sie an uns ergehen lassen, würdig zeigen. Dass wir verwundet wurden, ist eine Tatsache, die nicht viel Bedeutung hat, aber dass wir uns tapfer zeigten, ist eine Wahrheit von höchstem Gewicht. Denn die Erstere gehört zur äußeren Welt der Ursache und Wirkung, während die Letztere zur Welt des Geistes gehört.

WIR MÜSSEN wissen: Wenn uns genau das zuteilwürde, 64
was wir verdienen und brauchen, so wäre es, als reisten wir in einer Welt von absolut vollkommener Flachheit, wo daher alle fließenden Kräfte der Natur stagnieren müssten. Wir brauchen in der Landschaft unsres Lebens Höhen und Tiefen, wie unbequem sie auch sein mögen, damit unsre Gedanken und Kräfte tätig strömen können. Unsre Lebensreise ist eine Reise in einem unbekannten Land, wo Hügel und Schluchten sich plötzlich uns in den Weg stellen und unsern Geist immer in Tätigkeit halten. Sie kommen nicht nach unserm Verdienst, sondern unser Verdienst wird danach geschätzt, wie wir sie überwinden.

65 ERST WENN der Raum des Schiffes voll Wasser ist, wird das Toben der Wasser draußen eine Gefahr. Das Wasser drinnen droht nicht so sichtbar, es erschreckt nicht durch augenfälliges Toben, es vernichtet durch sein totes Gewicht. So sind wir sehr versucht, den Wogen draußen alle Schuld zuzuschreiben. Aber wenn nicht zur rechten Zeit die Einsicht dämmert, dass alle Hände an die Pumpen müssen, so gibt es keine Rettung vor dem Versinken. Wie hoffnungslos die Aufgabe, uns von den inneren Wassern zu befreien, bisweilen auch scheinen mag, sie ist sicher aussichtsreicher als der Versuch, das Wasser des Meeres draußen wegzuschöpfen.

Hemmnisse und Widerstände von außen wird es immer geben, aber sie werden erst gefährlich, wenn auch innen Hemmnisse und Widerstände da sind.

WENN WIR zu dem Glauben kommen, dass wir Gott besitzen, weil wir zu einer besonderen Sekte gehören, so gibt uns dies ein so vollkommenes Gefühl sicheren Behagens, dass wir Gott überhaupt nicht mehr brauchen, es sei denn, um mit andern über ihn zu streiten, deren Vorstellung von Gott in theoretischen Einzelheiten von der unsern abweicht. 66

Da wir Gott im Schattenland irgendeines dogmatischen Bekenntnisses untergebracht haben, glauben wir mit gutem Gewissen allen Raum in der Welt der Wirklichkeit für uns beanspruchen zu dürfen, indem wir das Wunder des Unendlichen daraus verbannen und sie so alltäglich machen wie unser Hausgerät. Solche platte Gewöhnlichkeit wird nur möglich, wenn unser Geist keinen Zweifel hat, dass wir an Gott glauben, während unser Leben nichts von ihm weiß.

67 DER SEKTENGLÄUBIGE ist stolz, weil er sich auf sein Besitzrecht an Gott verlässt. Der wahrhaft Fromme ist demütig, weil er weiß, dass Gott das Recht der Liebe auf sein Leben und seine Seele hat. Was wir besitzen, wird für unser Gefühl unwillkürlich kleiner als wir selbst, und wenn der buchstabengläubige Sektierer es auch nicht mit Worten zugibt, so hat er doch den stillschweigenden Glauben, dass Gott sich von einer kleinen Schar von »Rechtgläubigen« in einen Käfig ihrer eignen Mache sperren lässt. In ähnlicher Weise glaubt auch der primitive Mensch, dass seine Zeremonien einen zauberhaften Einfluss auf seine Gottheiten haben. Sektenwesen ist eine entartete Form der Weltlichkeit unter der Maske der Religion, sie macht noch engherziger, als es der auf materielle Interessen gegründete Weltdienst tun kann. Denn unverhüllte Selbstsucht ist durch ihre Offenheit ungefährlich, wie Schmutz, der frei in Luft und Sonne daliegt. Aber die Selbstverherrlichung mit ihrer daraus folgenden Herabsetzung Gottes, die unter dem Deckmantel des Sektenwesens ungehindert vor sich geht, verliert die Möglichkeit ihrer Erlösung, weil sie die Quelle der Läuterung selbst besudelt.

DIE RELIGION ist, ebenso wie die Poesie, keine bloße 68
Idee, sie ist Ausdruck. Gott bringt sich selbst zum Ausdruck in der unendlichen Mannigfaltigkeit der Schöpfung, und auch unsre Haltung dem Ewigen gegenüber muss der Ausdruck der unendlichen Mannigfaltigkeit unsrer Individualitäten sein. Jene Sekten, die sich eifersüchtig mit Schranken von starren Dogmen umgeben und jede spontane Bewegung des lebendigen Geistes ausschließen, hegen und pflegen wohl ihre Theologie, aber sie töten die Religion.

69 DER VERSUCH, ihre eigene Religion überall und für alle Zeit zur herrschenden zu machen, ist den Menschen, die zum Sektenwesen neigen, natürlich. Daher wollen sie nichts davon hören, dass Gott großmütig ist in der Verteilung seiner Liebe und dass sein Verkehr mit den Menschen sich nicht auf eine Sackgasse beschränkt, die an *einem* Punkt der Geschichte plötzlich halt macht. Wenn je eine solche Katastrophe über die Menschheit hereinbrechen sollte, dass eine einzige Religion alles überschwemmte, dann müsste Gott für eine zweite Arche Noah sorgen, um seine Geschöpfe vor seelischer Vernichtung zu retten.

WENN die Religion vollkommen in der Gewalt der Sekte 70
ist und dem Niveau des einförmigen Durchschnitts angepasst wird, dann wird sie korrekt und bequem zu handhaben, aber sie verliert den lebendigen Geist der Kunst. Denn die Kunst ist der Ausdruck des Universalen im Individuellen, und die Religion in ihrer äußeren Erscheinung ist die Kunst der menschlichen Seele. Man sollte fast seinen Stolz darein setzen und es als ein Zeichen höherer Kultur ansehen, wenn man alle Gebote der Sitte verletzt, die einem von einer beglaubigten Religion auferlegt werden, welche den Stempel der Gültigkeit von einer Organisation erhalten hat, die zwar verfolgen kann, aber nicht die Kraft hat zu überzeugen.

Wir beobachten eine analoge Erscheinung, wenn Gelehrte und Literaten mit Fleiß eine Abneigung pflegen gegen alles, was den Ruf hat gut zu sein, und wenn Kunstkenner den Verdacht scheuen, Liebhaber des Schönen zu sein. Sie lehnen sich auf gegen die Tatsache, dass das Anerkannte und das Wahre im Bereich des Schönen und Guten im Geist der Menschen zusammengeworfen wird. Die Würdigung des Anerkannten erfordert keine besondere Kultur oder natürliche Empfänglichkeit, und daher macht es sich auf dem Markt gut bezahlt, überbietet die Wahrheit, wird kleinlich in seiner Tyrannei und befleckt mit seiner Gewöhnlichkeit Dinge, die wirklichen Wert haben. Die Wahrheit aus dem Kerker des Konventionellen zu befreien, ist von jeher die Aufgabe der Dichter und Künstler gewesen, aber in Zeiten der Revolution sind sie geneigt, zu weit zu gehen und die Wahrheit selbst zu verwerfen.

In unserm Epos Rāmayāna lesen wir, dass, als Rāma sein Weib der Gewalt des Riesen, der sie entführt hatte, wieder entriss, sein Volk ihre Verstoßung forderte, weil sie der Befleckung verdächtig war. Ebenso fordern Kulturmenschen mit verwöhntem Geschmack die Verbannung der Schönheit aus dem Gebiet der Kunst, weil sie so lange in den Händen der Konvention gewesen ist.

DIE, DEREN Wirken sich auf das Gebiet der äußeren Na- 71
tur beschränkt, unterwerfen sich ihre Kräfte und werden reich an Wohlstand und Macht. Der größte Gewinn, den sie bei ihren Unternehmungen finden, ist die sittliche Wahrheit. Denn Macht besteht in Zusammenwirken, und jedes Zusammenwirken bedarf, um vollkommen zu sein, der Hilfe des sittlichen Gesetzes, in dem die Einzelnen das universale Prinzip des Guten anerkennen. Sittlichkeit ist da am meisten nötig, wo die Menschen vorwärtsstreben, und gemeinsam vorwärtsstreben.

Aber Gesetze, ob es sich nun um die physischen Gesetze der Natur oder um die moralischen Gesetze der Gesellschaft handelt, sind äußerlich, sind formal. Es fehlt ihnen jene geheimnisvolle Tiefe, die die Eigenschaft aller Schöpfung ist, die sich in der Natur in der Schönheit der Harmonie und im Menschen in der Schönheit der Liebe offenbart. Das Gesetz ist der Kanal der Endlichkeit, durch den die Dinge unaufhörlich fließen, aber sein Sinn liegt in seiner Einmündung in die Unendlichkeit.

72 WÄHREND wir auf dem endlos fließenden Strom der Naturgesetze die zahllosen Felder von Kräften und Zugänge zu Reichtum erforschen, gelangen wir, so rastlos wir auch vorwärtsstreben, nie zu einem letzten Ziel. Wir wissen, dass die Macht nur gedeiht, solange sie in Bewegung ist. Wenn sie gegen irgendeinen Gegenstand stößt, der ihr Halt gebietet, so bedeutet dies ihren Todessturz. Wir, vor allen Völkern auf der Welt, haben es auf unsre Kosten erfahren: Wenn ein Volk des Strebens müde wird und sich mit seinen Besitztümern zur Ruhe setzt, wenn bei seinem Misstrauen gegen neue Ideen seine Sittlichkeit in Konventionen erstarrt und unfähig wird, es den gefahrvollen Pfad des Lebens zu führen, dann wird es allmählich von den vorwärtsstrebenden Kräften der Geschichte beiseitegestoßen und von der Heerstraße des Lebens verdrängt.

Aber diese End- und Ziellosigkeit des Strebens in der äußeren Welt beweist uns nur, dass unser Ziel anderswo liegen muss. Es liegt auf dem inneren Gebiet des Geistes. Hier ist all unsre Sehnsucht auf den Frieden gerichtet, der die Vollendung krönt. Hier begegnen wir unserm Gott. Er ist die alles bewegende Kraft in der Welt. Er ist die ewig ruhende Liebe in der Seele. In der Natur weicht Gott uns aus, um uns weiterzulocken; in der Seele gibt er sich uns hin und nimmt uns an sein Herz. Daher wachsen wir im Reich der Macht durch Vergrößerung, aber im Reich der Liebe wachsen wir durch Entsagung. So kommt es, dass der Stolz, obgleich er unserm weltlichen Streben als Ansporn dient, das größte aller Hindernisse für unsre seelische Entwicklung ist.

IN EINEM lyrischen Gedicht sind Form und Idee in eins 73
verschmolzen. Wenn wir sie getrennt behandeln, so zeigen sie sich als zwei entgegengesetzte Kräfte, und es gibt Beispiele genug, wo ihr natürlicher Antagonismus nicht überwunden und das Resultat ein schlechtes Gedicht ist.

Wir sind die Künstler, die vor der Aufgabe stehen, einander feindliche Stoffe zu einem harmonischen Ganzen zu formen. Diese Stoffe klirren beständig aneinander, bis sie sich zu einer Schöpfung von vollkommener Einheit entwickeln. Häufig opfern wir, um Mühe zu sparen und Frieden zu haben, eine der streitenden Parteien auf. Dies macht zwar den Kampf, aber auch die Schöpfung unmöglich. Der ruhelose Geist der Natur, der von der Ruhe der Seele getrennt ist, hetzt uns in jenen Wahnsinn der Arbeit, der endlos ein Ding auf das andere türmt. Der Geist der Innenwelt dagegen, der seiner Welt der Wirklichkeit beraubt ist, lebt nur in dem Exil der Abstraktion und schafft sich Phantome, in denen, ungehemmt durch den strengen Zwang der Form, die wildesten Übertreibungen Raum haben.

74 WENN die Welt, die der Mensch sich schafft, weniger ein Ausdruck seiner schöpferischen Seele als ein mechanischer Apparat für besondere Machtzwecke ist, dann wird sie hart und eng und starr in ihrer Form und erreicht technische Vollendung auf Kosten der unermesslichen Fülle von Möglichkeiten. Durch seine schöpferische Tätigkeit stellt der Mensch menschliche Beziehungen zwischen sich und seiner Umgebung her, indem er die Natur mit seinem eigenen Leben und seiner Liebe durchdringt. Aber mit seinem Nützlichkeitsstreben bekämpft er die Natur, verbannt sie aus seiner Welt, verunstaltet und beschmutzt sie mit der Hässlichkeit seines schlau berechnenden Trachtens. Diese vom Menschen verfertigte Welt mit ihrem kreischenden Räderwerk gibt ihm beständig die Vorstellung und Überzeugung von einer rein mechanischen Weltordnung, die nichts Persönliches und daher auch keine letzte Wirklichkeit hat.

IN DEM Maß, wie wir unser wahres Wesen zum Ausdruck 75
bringen, nehmen wir zu an Wahrheit. Die Wahrheit der Kunst besteht in der selbstlosen Schöpferfreude, für die es verhängnisvoll wird, wenn sie sich verleiten lässt, einem fremden Zweck zu dienen. Der Verfall all der großen Kulturen hat seine Ursache darin, dass sie das wahre Wesen der Menschheit nicht zum Ausdruck brachten, sondern Zerrbilder schufen: Sklaverei, die sie Mitmenschen aufzwangen; Schmarotzerwesen im Großen, das der Reichtum züchten konnte, da die Menschen ihr ganzes Vertrauen auf materielle Mittel setzten; höhnischen Skeptizismus, der die Suchenden auf dem Pfad der Wahrheit ihres Lebensunterhalts beraubte.

76 DAS BEWUSSTSEIN ist das Licht, mit dessen Hilfe wir unsern Lebenspfad entlangwandern. Aber wir können es uns nicht leisten, bei jedem Schritt dies Licht zu vergeuden. Sparsamkeit tut not, und diese Sparsamkeit heißt Gewohnheit. Sie befähigt uns zu leben und zu denken, ohne unsern Geist voll erleuchtet zu haben. Bei abendlichen Festen fragen wir nicht nach den Kosten des übermäßigen Lichtverbrauchs, weil er nicht der Beseitigung irgendeines Mangels, sondern dem Ausdruck unsres inneren Reichtums dienen soll. Und aus demselben Grund wird die Gewohnheit in unserm geistigen Leben zu einem Zeichen der Armut, denn hier ist unsre Aufgabe, unser Wesen zum Ausdruck zu bringen. In unsrer Liebe muss unser Bewusstsein immer seine ganze leuchtende Helle haben, um wahr zu sein. Denn die Liebe ist kein bloßes Ausführen irgendeiner Absicht, sie ist die volle Erleuchtung des Bewusstseins selbst.

WENN wir unsern Gottesdienst zur toten Gewohnheit 77
werden lassen, dann macht er sich selbst zuschanden und erstarrt in rein äußerlicher Frömmigkeit, die ein Sparen mit Liebe ist. Denn der Wert des Gottesdienstes besteht nicht in der Handlung, sondern in einem vollkommenen Ausströmen des Bewusstseins, bei dem die Gewohnheit nur hindernd wirkt. Wir werden weltlich in unsrer Frömmigkeit, wenn wir meinen, dass wir durch sie einen besonderen Vorteil erringen und daher fromme Gewohnheiten schätzen und pflegen. Denn wo es sich um äußeren Gewinn handelt, ist das Einkaufen auf dem billigsten Markt die beste Weisheit, aber wo vollkommene Hingabe das einzige Ziel ist, ist Sparsamkeit Selbstbetrug.

78 EINS gibt es, was dem natürlichen und dem geistlichen Leben gemeinsam ist. In beiden ist es wesentlich, dass wir unser Ich vergessen. Wir erkennen umso besser alles, was um uns her ist, wenn wir nicht bei jedem Schritt an das Ich zu denken brauchen. Je mehr wir uns selbst bedeuten, desto weniger bedeutet uns die Welt. Aber in unserm gewöhnlichen Alltagsleben ist das Vergessen meist negativer Art, es wird durch Gewohnheit erlangt. Anders in unserm geistlichen Leben, wo das Selbst vergessen wird, weil die Liebe da ist. Es ist wie mit dem einzelnen Wort, das seinen Sinn verliert, wenn es aus seinem Zusammenhang gelöst ist, aber ihn wiederfindet, wenn es eins mit der ganzen Dichtung ist. Im geistlichen Leben vergessen wir unsern ausschließlich persönlichen Zweck und werden vom Geist der Vollkommenheit überströmt, der durch uns über uns hinausgeht. Darin fühlen wir unsre Unsterblichkeit, die der *eine* große Sinn unsres Lebens ist.

DA UNSRE Natur nicht einheitlich ist, ist es misslich, 79
über menschliche Dinge ein allgemeines Urteil abzugeben,
und die Behauptung, dass Gewohnheiten nur die Wirkung
hätten, unsern Geist abzustumpfen, ist eine unvollständige
Wahrheit. Die Gewohnheiten, die uns fördern, sind wie eine Kanalisierung, die die Strömung des Flusses unterstützt.
Sie lässt dem Wasser freien Lauf, wo es vorwärtsfließt, und
hält es nur zurück, wo es in Gefahr ist auf Abwege zu geraten. Das Leben der Biene in dem Kanal seiner Gewohnheit
hat keine solche Öffnung ins Weite, es dreht sich in einem
engen Kreis von vollkommener Rundung. Das Leben des
Menschen hat seine organisierten Gewohnheiten, seine In-
stitutionen. Wenn diese als Einfriedigungen wirken, so mag
das Resultat etwas in sich Vollkommenes sein wie ein Bienenstock von wunderbarer Genauigkeit der Form, aber für
den Geist mit seinen unbegrenzten Entwicklungsmöglichkeiten taugt es nicht.

80 FÜR DEN Strom unsres religiösen Lebens sind Glaubensbekenntnisse und Rituale Kanäle, die ihn fördern oder hemmen können, je nachdem, ob sie freien Ausfluss haben oder nicht. Wenn wir dem Symbol einer religiösen Idee eine zu feste und starre Form geben, so verdrängt es die Idee, die es stützen sollte. In Kunst und Literatur regen bildliche Ausdrücke, die das Symbol unsrer Gefühlswahrnehmungen sind, wohl unsre Fantasie an, aber sie halten sie nicht fest. Denn sie erheben einen Anspruch auf ein Monopol: Sie lassen den Weg frei für eine endlose Möglichkeit andrer Bilder. Sobald sie in feste Ausdrucksgewohnheiten entarten, verlieren sie ihren künstlerischen Wert. Shelley schüttet in seinem Gedicht von der Lerche eine Reihe von Bildern aus, die uns darum wert sind, weil sie nur dazu dienen, die Unermesslichkeit unsrer Freude anzudeuten. Aber wenn diese Bilder, weil sie so passend und schön sind, durch ein Gesetz als die endgültigen und allein zulässigen für die Vorstellung einer Lerche festgesetzt würden, so verlöre Shelleys Gedicht sofort seine Wahrheit, denn die liegt in seinem fließenden Charakter und in seiner Bescheidenheit, die stillschweigend zugibt, dass es nicht das letzte Wort ist.

DIE WELT ist unser zweiter, großer Leib, mit dem dieser unser kleiner Leib immer in vollkommene Harmonie zu gelangen sucht. Geschieht dies nur um eines Zweckes willen? Versuchen unsre Augen nur darum zu sehen, damit wir nicht im Dunkel über ein unerwartetes Hindernis stolpern und in Gefahr geraten, oder damit wir das finden, was wir notwendig zum Leben brauchen? Ohne Zweifel sind dies starke Antriebe, aber das Wesentliche ist doch die Freude an der Begegnung unsrer Augen mit der Welt der Linien, Farben und Bewegungen. Aus diesem Universum von Licht und Ton und Berührung ergeht unaufhörlich ein Ruf an unsre Augen, Ohren und Glieder, und die Antwort darauf ist eine Erfüllung, die nicht nur uns, sondern der ganzen großen Welt zuteilwird. Und dies ist der Grund, weshalb das Licht seit Urzeiten unablässig an die Tore des blinden Lebens pochte, bis es endlich nach langem vergeblichen Bemühen die Fenster der Augen öffnete und seine Vereinigung mit der Welt des Lichts zustande kam. Das war eine Hochzeit, deren höchster Sinn in ihrer Freude liegt. 81

82 WIR HABEN einen geistigen Leib, der seine Denk- und Gefühlsorgane hat. Dieser geistige Leib ist rastlos bestrebt, auf jede mögliche Weise mit dem großen Geist der menschlichen Gesellschaft in Harmonie zu kommen. Auch dies Bestreben hat seinen Grund nicht in äußerer Zweckmäßigkeit. Es ist ein Trieb nach Gemeinschaft, der unsern Geist aus unserm kleinen Heim und seiner Nachbarschaft hinaus zur Liebesbegegnung mit der Welt drängt. Er muss sich mit dem großen Geist der Menschheit vereinen, um seine Erfüllung zu finden. Der Bienenstock ist das Ergebnis der Wahrheit, dass das Leben der Biene nur in der Vereinigung sein Ziel hat; aber Literatur und Kunst, Religion, Moral und Politik mit ihren unbegrenzten Entwicklungsmöglichkeiten sind aus der Vermählung des Menschen mit der Menschheit geboren.

MAN HAT gefragt: Wenn des Lebens Reise endlos ist, wo 83
ist dann sein Ziel? Die Antwort ist: Es ist überall. Wir sind in einem Palast, der kein Ende hat, aber den wir erreicht haben. Wenn wir ihn erforschen und unsre Beziehung zu ihm weiter ausdehnen, so machen wir ihn uns immer mehr zu eigen. Das Kind wird in derselben Welt geboren, in der der gereifte Mann lebt. Aber seine Aufgabe ist nicht die eines Schülers, der in der Klasse sein Alphabet zu lernen hat. Das Kind hat seine eigne Lebensfreude, denn die Welt ist keine bloße Straße, sondern ein Heim, von dem ihm immer mehr zu eigen wird, je mehr es an Weisheit zunimmt. Bei der Straße liegt das Ziel am Ende, aber in dieser unsrer Welt erreichen wir es bei jedem Schritt, denn sie ist Straße und Heim zugleich; sie führt uns weiter und gibt uns doch Herberge.

84 UNSER Leben in der Welt ist, wie wenn wir einem Lied lauschen: Wir genießen es, während es gesungen wird, und brauchen nicht zu warten, bis es zu Ende ist. Das Lied ist da, im Gesang, von der ersten Note an. Seine Einheit durchdringt all seine Teile, und daher suchen wir nicht ungeduldig das Ende, sondern folgen seinem Fluss. So ist es auch mit der Welt: Weil sie wahrhaft eins ist, ermüden uns ihre Teile nicht; nur unsre Freude nimmt zu an Tiefe, je tiefer wir ihre Einheit begreifen. Im selben Augenblick, wo unsre mannigfaltigen Kräfte mit dem Mannigfaltigen in der Welt der Natur und des Menschen beschäftigt sind, wächst das Eine in uns empor zu dem Einen im All. Wenn das Viele und das Eine, das endlose Streben nach dem Ziel und das ewige Erreichen des Zieles in unserm Wesen nicht in Einklang wären, so würde unser Dasein für uns sein, wie wenn wir ewig Grammatik lernten, ohne jemals dahin zu kommen, eine Sprache zu verstehen.

DIE NATUR ist eine Herrin, die uns mit reichlicher Löhnung lockt, sodass wir sogar Überstunden machen um der Extravergütung willen. Allein während der Mensch sich so versuchen und bestechen lässt, sehnt er sich doch die ganze Zeit nach Befreiung. Denn er weiß, dass er nicht zum Sklaven geboren ist, und lässt sich nicht zu dem Glauben verleiten, dass der, der hemmungslos seinen Trieben folgt, frei sei. Er setzt sein wahres Vertrauen nicht auf äußeren Gewinn, sondern auf inneres Wachstum. Das Bewusstsein einer großen inneren Wahrheit erhebt den Menschen aus seinem kleinlichen Alltagsdasein in die Region des Ewigen. Das Gefühl dieses Positiven in sich ist es, um dessentwillen er Reichtum, Ehren und selbst sein Leben aufgibt, die Logik des Gelehrten beiseitewirft und schlicht und einfältig wird in seiner Weisheit wie ein Kind. 85

86 DER MENSCH sehnt sich, zu jener inneren Region zu gelangen, wo er in seiner Ganzheit seinen Stand nehmen kann, und nicht dahin, wo in endloser Reihe Glied um Glied geschmiedet wird zu der Kette der Dinge und Ereignisse.

Aber wie unser Leib die Harmonie mit dem großen Weltleib sucht, um seine Vollendung zu finden, so sucht auch das Eine in uns die Vereinigung mit dem großen Einen. Das Eine in uns erkennt sich selbst, hat seine Freude an sich selbst und drückt sich aus in seinem Wirken. Es ist Wahrheit und Freude und Ausdruck. Daher kann seine Vereinigung mit dem höchsten Einen nur in Weisheit, in Liebe und im Dienen geschehen. Dies ist unser *dharma*, das heißt unsre höhere Natur. Ihr Endzweck lässt sich nicht bestimmt aufzeigen und erklären, denn er gehört zu jenem Leben in der geistlichen Welt, wo unser Streben seinen Lohn in etwas findet, was wir auszudrücken suchen mit »Seligkeit« – ein Zustand der Vollendung, der sein Ziel in sich selbst hat. Es ist leicht, sich nicht darum zu kümmern und doch zu leben, aber der Mensch *hat* sich stets darum gekümmert. Er sucht vergeblich, sich eine Vorstellung davon zu machen, er bezweifelt es, verspottet und schmäht es, aber selbst im Scheitern, in seiner Auflehnung, in seinen verzweifelten Versuchen, davon loszukommen, dreht er sich doch immer um diese eine große Wahrheit.

EIN STEINBLOCK ist unplastisch, fühllos, träge; er setzt 87
der schöpferischen Idee des Künstlers Widerstand entgegen. Aber für den Bildhauer ist gerade dieser Widerstand ein Vorteil, und er formt sein Bildnis aus ihm. Unser physisches Dasein ist ein Hindernis für unsern Geist, es gleicht der Knechtschaft in jedem Zug und scheint eine beständige Demütigung für unsre Seele zu sein. Und daher ist es der beste Stoff, durch den unsre Seele sich offenbaren und ihre Freiheit beweisen kann, indem sie aus ihren Fesseln einen Schmuck formt. Die Schranken und Schwierigkeiten unsres äußeren Lebens sind nur da, damit unsre Seele ihre Kraft beweisen könne, und indem sie die Hemmnisse überwindet, verwirklicht sie ihr wahres Wesen.

88 UNSER LEIB hat in seinen Beziehungen zur Natur seine mannigfachen Wünsche; er hat das Verlangen nach Speise, Schlaf, Wärme oder Kälte und vielem andern. Aber er hat ein dauerndes Verlangen, das tiefer und daher verborgen liegt. Es ist das Verlangen nach Gesundheit. Es ist jeden Augenblick wirksam, indem es Krankheiten bekämpft und sich den wechselnden Umständen immer wieder anpasst. Der größte Teil seiner Tätigkeit geht unter der Schwelle unsres Bewusstseins vor sich. Wer weise ist in Bezug auf sein physisches Wohl, weiß dies und versucht, die bewussten Wünsche und Begierden des Körpers mit diesem einen latenten Wunsch in Einklang zu bringen. Und er opfert willig die Ansprüche seiner Begierden dem höheren Anspruch seiner Gesundheit.

Wir haben unsern sozialen Leib, durch den wir in Beziehung zu andern Menschen stehen. Seine bewussten Wünsche sind die, die aus unsern selbstsüchtigen Trieben entstehen. Wir wollen mehr bekommen als andre und weniger bezahlen, als wir schuldig sind. Aber in der Tiefe unsres sozialen Lebens wirkt noch ein andres Verlangen, das sich auf das Wohl der Gemeinschaft richtet. Wer weise ist in Bezug auf das Wohl des Ganzen, weiß dies und sucht all seine lauten Wünsche nach persönlichem Vergnügen und Behagen und nach persönlicher Freiheit unter die Herrschaft dieses leisen Wunsches nach dem Wohl aller zu bringen.

So ist auch der offenbare Wunsch unsrer Seele der, ihre Individualität zu verwirklichen und zu wahren, aber in ihrer Tiefe lebt das Verlangen, sich der höchsten Seele in Liebe hinzugeben.

Das Verlangen nach Gesundheit zieht die Zukunft des Körpers in Betracht. Auch das Verlangen nach dem sozialen Wohl hat den Blick auf die kommende Zeit gerichtet. Sie haben ihr Antlitz dem Ewigen zugewandt. Das Verlangen unsrer Seele, eins zu sein in Liebe mit der höchsten Seele, geht über alle Schranken von Zeit und Raum hinaus. So finden wir, dass in unserm individuellen Leib, unsrer Gesellschaft und unsrer Seele zahlreiche Wünsche an der Oberfläche tätig sind, während in ihrer Tiefe der eine Wille wirkt, der diesen Wünschen Einheit gibt und sie zu Frieden, Güte und Liebe führt. Mit andern Worten: Auf der einen Seite haben wir die Wünsche des Augenblicks und auf der andern das Verlangen nach dem Ewigen. Es ist die Aufgabe unsrer Seele, diese beiden zu vereinen und ihren Himmel auf das Fundament der Erde zu bauen.

89 EIN JUNGER Freund kommt heute Morgen zu mir, um mir zu sagen, dass sein Geburtstag ist und dass er gerade sein neunzehntes Jahr erreicht hat. Der Abstand zwischen meinem und seinem Alter ist groß, und doch ist das, was mir auffällt, wenn ich ihn ansehe, nicht die Unvollkommenheit seines Lebens, sondern etwas, was in seiner Jugend vollkommen ist. Und darin unterscheidet sich das Wesen, das wächst, von dem Ding, das gemacht wird. Ein Gebäude sieht, solange es nicht fertig ist, nur allzu unfertig aus. Aber im Wachstum des Lebens hat jede Stufe ihre Vollendung, die Blüte sowohl als die Frucht.

ALS ICH ein Kind war, ward Gott mit mir zum Kind, um mein Spielgefährte zu sein. Sonst hätten meine Unvollkommenheiten mich niedergedrückt und jeden Augenblick wäre es ein Elend gewesen, zu sein, und doch nicht ganz zu sein. Die Dinge, die mich beschäftigten, waren nichtig, und die Dinge, mit denen ich spielte, waren Sand und Stöcke. Und dennoch waren meine Beschäftigungen mir wertvoll, und mein Spielzeug hatte für mich eine Wichtigkeit, die es dem Spielzeug der Erwachsenen gleichstellte. Die Majestät der Kindheit gewann mir die Huldigung der Welt, weil sich in ihr das Unendliche in Gestalt des Kleinen offenbarte. 90

Und aus demselben Grund darf auch der Jüngling nicht wegen seiner Unreife gering geachtet werden, sondern hat das Recht, seinen vollen Anteil zu fordern. Die Gottheit, die ewig jung ist, hat ihn mit ihrem Kranz gekrönt und ihm ins Ohr geflüstert, dass er der rechtmäßige Erbe von allem Reichtum der Welt ist.

Der Unendliche ist bei uns in der Anmut unsrer Kindheit, in der Kraft unsrer Jugend, in der Weisheit unsres Alters; im müßigen Spiel, im rastlosen Streben und im stillen Genießen.

91 DIE SCHÖNHEIT dieses Abendhimmels schließt Kräfte ein, die gewaltig und furchtbar sind. Und doch offenbart er uns die Harmonie, die im Zentrum des ganzen Weltgetriebes herrschen muss, die Harmonie, deren leise Stimme Musik ist. Weil wir diese Abendwelt von da aus überblicken, wo Fernes und Nahes einander gegenüberstehen, weil unser Blick nicht abgelenkt wird durch die unzähligen sich widerstreitenden Einzelheiten, sehen wir das, was schlechthin wahr in ihr ist: ihre Schönheit und unergründlich tiefe Ruhe. Dasselbe Bild des Friedens enthüllt sich uns, wenn uns der Tod die Unsterblichkeit irgendeines großen Lebens offenbart. Buddhas unergründlich tiefe Seele erscheint uns wie dieser Abendhimmel, und hinter all seinen Kämpfen und Leiden und seinem mitleidsvollen Sichmühen für die Menschheit sehen wir die vollkommene Sicherheit und Ruhe der Kraft, die Schönheit ist. Bei den Menschen des Alltags ist das Lebensfeld zu klein, und daher treten die Widersprüche darauf zu stark hervor, um uns einen vollen Anblick der Wahrheit zu gestatten. Aber wir können gewiss sein, dass, wie ihr Leben jenseits des Todes weiterrinnt, diese Widersprüche sich lösen, denn die Wahrheit, deren Ausdruck die Schönheit ist, steht am Ziel jedes Lebens.

IN DEN Upanischaden wird Gott »der Friedvolle, der Gute, der Eine« genannt. Sein Frieden ist der Frieden der Wahrheit, der sich uns in der Natur offenbart. Die Erde bewegt sich und die Sterne, jede Zelle in diesem Baum regt sich und schafft, jeder Grashalm auf diesem Felde ist geschäftig, und jedes Atom dieser Abendluft ist rastlos, und doch ist Friede im Herzen all dieser Bewegung, die schöpferisch ist. Die Bewegung, der dieser innere Friede fehlt, zerstört. Gott als der Friedvolle offenbart sich dem, der in seinem Leben die Wahrheit gefunden hat, die Wahrheit, die immer tätig ist und doch die unendliche Ruhe in sich birgt, die aus der Selbstbeherrschung geboren wird. Frieden ist nicht Verlust an Tatkraft, nicht Ermattung des Lebens, sondern seine Vollendung. 92

Der Unwissende, der zum ersten Mal in seinem Leben in einer Fabrik ist, wird durch das verwirrende Durcheinander von Bewegungen erschreckt und geängstigt, aber den Wissenden ergreift Bewunderung für die alles umfassende Einheit des Zwecks, die unbewegt in ihrem Zentrum wirkt. Alle Besorgnis schwindet, und das vollkommene Ineinandergreifen all der verschiedenen Tätigkeiten erscheint als Schönheit. So ist der Friede, der der Wahrheit eigen ist.

93 DAS LEBEN ist ein Strom von Harmonie, der das Innen und das Außen, das Ziel und den Weg, das Seiende und das Künftige vereint. Das Leben häuft nicht Dinge an, sondern nimmt sie in sich auf, es erbaut nicht, sondern erschafft, sein Wirken ist nie von seinem Wesen getrennt. Wenn unsre Welt, in der wir leben, nicht lebendig ist, wenn sie aus festen Gewohnheiten und angehäuftem Besitz besteht, dann ist sie von unserm Leben getrennt, und die Zwietracht endet mit der Vernichtung beider. Oder wenn irgendeine Leidenschaft ein zu großes Gewicht erhält, so stört sie das Gleichgewicht im Bau unsrer Welt und drückt beständig auf die Ganzheit unsres Lebens. Die Quelle aller großen Übel in der Gesellschaft, in der Regierung, in andern Organisationen ist die Entfremdung zwischen dem lebenden Wesen und seiner äußeren Umgebung. Der Strom der Seele weicht zurück, und vergeblich suchen wir sein leeres Bett auszufüllen, indem wir unaufhörlich äußere Güter hineinschütten. Diese können wohl die Leere zudecken, aber sie können sie nicht ausfüllen und die Einheit wiederherstellen. Daher bleibt die Kluft unter dem glitzernden Flugsand verborgen, bis seine eigene Masse ihn plötzlich mit lautem Getöse hinabzieht und uns aus unserm Schlaf aufschreckt.

DIE WELT der Sinne, in der die Tiere leben, ist begrenzt. 94
Unsre Vernunft hat unserm Geist das Tor ins Herz des Unendlichen geöffnet. Doch diese Freiheit der Vernunft ist nur eine Freiheit im Vorhof des Daseins. Solange die Dinge nur Gegenstände unsrer Erkenntnis sind, bleiben sie uns noch unendlich fern. Denn Erkenntnis ist nicht Vereinigung. Daher erwartet uns die Welt vollkommener Freiheit da, wo wir nicht durch Wahrnehmung der Sinne oder Erkenntnis der Vernunft zur Wahrheit gelangen, sondern durch einende Liebe. Es ist schwer, uns ein wirkliches Bild dieser Welt der Freiheit zu machen, wir können sie nur leise ahnen. Wir können das Vorhandensein eines Bildes mit den Augen wahrnehmen, wir erlangen eine Kenntnis von ihm, wenn wir seine Linien messen, seine Farben analysieren, die Gesetze seiner Harmonie in seiner Komposition studieren. Aber dies alles gibt uns nicht die Wirklichkeit des Bildes; diese erhalten wir nur durch unmittelbares Erleben des Bildes in uns selbst.

95 DAS BILD einer Blume in einem Lehrbuch der Botanik soll uns belehren; hat es das getan, so endet seine Mission. Aber als reines Kunstwerk ist es eine persönliche Mitteilung. Und daher hat es seinen Zweck erst erfüllt, wenn es in der Tiefe unsrer Seele Antwort findet. Wir können das Dasein lediglich als ein Lehrbuch betrachten, das uns Kenntnisse vermittelt, und es wird uns nicht enttäuschen. Aber wir wissen, dass damit sein Sinn noch nicht erschöpft ist. Denn an unsrer Freude an diesem Dasein, die ihren Zweck in sich selbst hat, fühlen wir, dass es eine Mitteilung ist, die ihre Antwort nicht in unserm Begreifen und Verstehen, sondern in unserm Sein sucht.

ALS BUDDHA das Evangelium der Liebe predigte – der Liebe, nicht nur zu allen Menschenwesen, sondern zu der ganzen Schöpfung –, da hatte er die Wahrheit vor Augen, dass unser Verhältnis zur Welt ein falsches ist, wenn wir sie nur als eine Tatsache betrachten, die wir erkennen und nutzen müssen. Er fühlte, dass wir ihren Sinn nur durch Liebe erfassen können, weil sie ein Ausdruck der Liebe ist, der auf die Antwort unsrer aus der Knechtschaft des Ichs befreiten Seele wartet. Diese Befreiung kann nicht negativer Art sein, denn die Liebe ist eine positive Kraft. Vollkommene Freiheit bedeutet vollkommenes Einssein in Harmonie, nicht bloßes Abwerfen der Knechtschaft. Freiheit hat keinen Inhalt und daher keinen Sinn, wo sie nichts als sich selbst hat. Die Befreiung der Seele liegt in der vollkommenen Verbundenheit mit der zentralen Wahrheit allen Seins. 96

97 KEINE Flamme brennt ewig. Entweder geht das Öl aus, oder das Licht wird vom Wind ausgeblasen; oft wird die Lampe selbst zertrümmert. Wir mögen wohl oft in aufwallender Empörung sagen, dass die Macht des Dunkels die endgültige und wahre Macht ist oder dass wir selbst erst das Licht schaffen dadurch, dass wir die Lampe anzünden. Aber in Wahrheit dient jedes Auslöschen eines Lichtes nur dazu, uns zu beweisen, dass die Quelle des Lichtes unversiegbar ist, und die wahre Macht des Menschen liegt in seiner Fähigkeit, dies immer wieder zu beweisen.

ICH GLAUBE, dass es ein Ideal gibt, das über der Erde 98
schwebt und sie durchdringt, das Ideal des Paradieses, das keine bloße Schöpfung der Fantasie ist, sondern letzte Wirklichkeit, in der alle Dinge sind und der alle Dinge zustreben. Ich glaube, dass diese Paradiesesvision uns entgegenstrahlt aus dem Sonnenlicht, aus dem Grün der Erde, aus dem fließenden Strom, aus der Fröhlichkeit des jungen Lenzes, aus dem stillen Frieden des Wintermorgens, aus der Schönheit des menschlichen Antlitzes und dem Reichtum menschlicher Liebe. Überall auf der Erde ist der Geist des Paradieses wach und lässt seinen Ruf ertönen. Er dringt, uns selber unbewusst, an unser inneres Ohr. Er stimmt die Saiten unsrer Lebensharfe und mahnt uns, unsre Sehnsucht hinauszusenden über das Endliche, wie die Blumen ihren Duft in die Lüfte senden, und die Vögel ihre Lieder.

99 UNSRE Kräfte dienen dazu, uns mit Dingen für unsre Bedürfnisse und Neigungen zu versorgen. Ihnen fehlt der Hintergrund der Ewigkeit. Daher versuchen wir den Dingen einen Schein von Dauer zu verleihen, indem wir ihnen möglichst viel Umfang geben. In seinem eifrigen Streben, sein Vergnügen und seine Macht zu verlängern, versucht der Mensch, immer mehr von diesen Dingen anzuhäufen und fürchtet sich, damit innezuhalten, weil er Angst hat, dass sie eines Tages zu einem Ende kommen.

Aber die Wahrheit ist nicht auf Umfang und Länge bedacht – wie ein Gedicht seine Ewigkeit nicht in endlosen Versen, sondern in seiner inneren Vollendung hat.

WENN wir unser Zimmer durch die Lampe erhellen, so 100
schaffen wir damit einen scheinbaren Gegensatz zwischen
ihm und der Welt draußen. Wie dieses kleine Zimmer, so
ist unser Leben auf der Erde, auf das unser Bewusstsein ein-
geschränkt ist. Und wir bilden uns ein, dass draußen der
Tod liegt, der ihm entgegengesetzt ist. Aber wir dürfen
nicht an der einen, unteilbaren Wahrheit des Seins zweifeln,
weil unser Leben sie einen Augenblick verdunkelt.

101 DAS LEBEN offenbart sich uns in der Welt als Freude. Freude ist im ewig wechselnden Spiel ihrer Farben, in der Musik ihrer Stimmen, im Tanz ihrer Bewegungen. Wenn der Tod die Wahrheit wäre, so würde dieser Geist der Freude aus dem Herzen des Daseins schwinden. Die Lampe, die wir in der Nacht anzünden, hat nur einen kleinen Docht und sehr wenig Öl. Und doch brennt ihre kleine Flamme furchtlos inmitten des ungeheuren Dunkels, denn sie weiß, dass die Wahrheit des Lichtes, von dem sie lebt, unendlich ist.

DIE WELT ist gleich einem Strom von Musik, ein beständiges Fließen von Kräften und Formen, und daher macht sie, von außen gesehen, den Eindruck der Vergänglichkeit. In ihrem beständigen Vergehen ist sie ein Bild des Todes. Aber nur die einzelnen Töne vergehen, die Melodie klingt ewig fort. Wenn die einzelnen Töne Anspruch auf ewige Dauer machen dürften, so müssten sie ihre wahre Ewigkeit verlieren, die sie in der Melodie finden. Die Wüste ist unwandelbar, weil sie ohne Leben ist. Im fruchtbaren Boden offenbart das Leben seine Unsterblichkeit, indem es immer wieder durch die Pforte des Todes schreitet. 102

103 ES IST uns aufgegeben, unsre Seele, das Eine in uns, das Ewige, zu offenbaren. Dies kann nur geschehen, indem unsre Seele durch die Mannigfaltigkeit des Vergänglichen hindurchgeht, indem sie beständig die Form opfert, um die Ewigkeit des Geistes zu behaupten. Unser Ich ist das Gefäß, in dem wir sammeln und bewahren und das uns die Möglichkeit gibt, wieder hinzugeben. Wenn es uns nur um unser Ich zu tun ist, dann halten wir unsern Vorrat sorgsam fest und werden elendiglich zuschanden. Wenn es uns um die Seele zu tun ist, dann erkennen wir gerade in der Vergänglichkeit des Lebens seinen ewigen Sinn und fühlen, dass kein Verlust uns ärmer machen kann.

Verirrte Vögel

VERIRRTE Sommervögel kommen an mein Fenster, um 1
zu singen, und fliegen davon. Und gelbe Herbstblätter, die keine Lieder haben, flattern heran und fallen mit einem Seufzer zu Boden.

O IHR kleinen Weltvagabunden, lasst in meinen Liedern 2
eure Fußspuren zurück!

DIE WELT, deren unermessliche Größe dich schreckt, lässt 3
diese Maske fallen, wenn du in Liebe um sie wirbst.
Sie wird klein wie ein einziges Lied, wie ein einziger Kuss des Ewigen.

DIE TRÄNEN der Erde sind es, die ihr Lächeln in Blüte 4
erhalten.

DIE MÄCHTIGE Wüste brennt vor Sehnsucht nach der 5
Liebe eines Grashalms, der lachend den Kopf schüttelt und davonfliegt.

WENN DU Tränen vergießest, weil du die Sonne nicht 6
siehst, siehst du auch die Sterne nicht.

DER SAND auf deinem Weg bittet um dein Lied und um 7
deine Bewegung, tanzendes Wasser. Willst du die Last seiner Lahmheit tragen?

8 IHR ERNSTES Antlitz gleitet durch meine Träume wie der Regen bei Nacht.

9 EINST träumten wir, wir wären einander fremd.
Wir wachen auf und erkennen, dass wir uns lieb haben.

10 DAS LEID ist in meinem Herzen eingelullt in einen Frieden, der dem Frieden des Abends unter den schweigenden Bäumen gleicht.

11 UNSICHTBARE Finger spielen wie eine müßige Brise auf meinem Herzen die Musik des Wellengeriesels.

12 »WELCHE Sprache sprichst du, o See?«
»Die Sprache ewiger Frage.«
»In welcher Sprache gibst du Antwort, o Himmel?«
»In der Sprache ewigen Schweigens.«

13 LAUSCHE, mein Herz, auf das Flüstern der Welt, womit sie um deine Liebe wirbt.

14 DAS GEHEIMNIS der Schöpfung ist erhaben wie das Dunkel der Nacht. Die Täuschungen der Wissenschaft sind wie der Nebel des Morgens.

BEREITE nicht deiner Liebe, verlockt durch die Höhe, ei- 15
nen Sitz über Abgründen.

ICH SITZE heute Morgen an meinem Fenster, wo die Welt 16
wie ein Vorübergehender einen Augenblick anhält, mir zu-
nickt und weitergeht.

DIESE KLEINEN Gedanken sind das leise Rauschen der 17
Blätter, sie flüstern von der Freude, die meine Seele füllt.

WAS DU bist, siehst du nicht; was du siehst, ist dein Schat- 18
ten.

MEINE WÜNSCHE sind Toren, mein Meister, sie stören 19
dein Lied mit ihrem Geschrei.
Lass mich in Stille dir lauschen.

ICH KANN das Beste nicht wählen. 20
Das Beste wählt mich.

SIE WERFEN ihren Schatten vor sich her, wenn sie ihre 21
Laterne auf dem Rücken tragen.

DASS ICH bin, erfüllt mich mit immer neuem Staunen. 22
Und dies bedeutet Leben.

23 »WIR RAUSCHENDEN Blätter haben eine Stimme, die dem Sturm Antwort gibt, aber wer bist du, stummes Ding?«
»Ich bin nur eine Blume.«

24 ARBEIT und Ruhe gehören zusammen wie Auge und Lid.

25 DER MENSCH ist ein geborenes Kind; seine höchste Gabe ist die Gabe des Wachsens.

26 GOTT erwartet Dank für die Blumen, die er uns sendet, nicht für die Sonne und die Erde.

27 DAS LICHT, das wie ein nacktes Kind zwischen den grünen Blättern spielt, weiß zum Glück nicht, dass der Mensch lügen kann.

28 O SCHÖNHEIT, erkenne dich in der Liebe, nicht im Schmeichelbild deines Spiegels.

29 MEIN HERZ schlägt seine Wogen an die Küste der Welt und schreibt darauf in Tränenschrift die Worte: »Ich liebe dich.«

30 »MOND, worauf wartest du?«
»Die Sonne zu grüßen, der ich weichen muss.«

DIE BÄUME steigen zu meinem Fenster empor wie der 31
sehnsüchtige Ruf der stummen Erde.

GOTT selbst steht voll Staunen vor jedem neuen Morgen, 32
den er geschaffen.

DAS LEBEN findet seinen Reichtum durch die Forderun- 33
gen der Welt und seinen Wert durch die Forderungen der Liebe.

DAS TROCKNE Flussbett findet keinen Dank für seine 34
Vergangenheit.

DER VOGEL sagt: »Ach, wäre ich eine Wolke!« 35
Die Wolke seufzt: »Ach, wäre ich ein Vogel!«

DER WASSERFALL singt: »Ich finde mein Lied, wenn ich 36
meine Freiheit finde.«

ICH KANN nicht sagen, wonach dies Herz sich schwei- 37
gend bangt.
Nach den kleinen Bedürfnissen des Tages fragt es nicht und weiß nichts von ihnen.

38 WEIB, wenn du dich in deiner häuslichen Arbeit regst, singen deine Glieder wie der Bergstrom zwischen seinen Kieseln.

39 DIE SONNE schreitet dem westlichen Ozean zu und winkt dem Osten ihren Scheidegruß.

40 MÄKLE nicht an deiner Speise, weil es dir an Appetit fehlt.

41 DIE BÄUME stehen wie die sehnenden Wünsche der Erde auf Zehenspitzen, um einen Blick in den Himmel zu tun.

42 DU LÄCHELTEST und plaudertest zu mir über nichts, und ich fühlte, dass es dies war, worauf ich lange gewartet.

43 DER FISCH im Wasser schweigt, das Tier auf der Erde lärmt, der Vogel in der Luft singt.
Aber der Mensch hat in sich das Schweigen der See, den Lärm der Erde und die Musik der Lüfte.

44 DIE WELT rauscht dahin über die Saiten des sehnenden Herzens, dass sie erklingen in Traurigkeit.

45 ER HAT seine Waffen zu seinen Göttern gemacht. Wenn seine Waffen siegen, ist er selbst geschlagen.

GOTT findet sich selbst, indem er erschafft. 46

VERHÜLLTEN Antlitzes in stiller Demut folgt der Schatten dem Licht mit dem leisen Tritt der Liebe. 47

DIE STERNE fürchten sich nicht wie Leuchtkäfer zu erscheinen. 48

ICH DANKE dir, dass ich keins von den Rädern der Macht bin, sondern eins mit den lebendigen Geschöpfen, die von ihnen zermalmt werden. 49

DER GEIST, der Schärfe, aber nicht Weite hat, bleibt an jedem Punkt stecken und kommt nicht von der Stelle. 50

DEIN GÖTZENBILD wurde in den Staub geschleudert, damit du erkennen solltest, dass Gottes Staub größer ist als dein Götzenbild. 51

DIE MENSCHHEIT offenbart sich nicht in ihrer Geschichte, sondern ringt sich durch sie empor. 52

WÄHREND die Glaslampe die irdene Lampe schmäht, weil sie sie Base nannte, steigt die Mondscheibe am Himmel empor, und die Glaslampe ruft ihr mit schmeichelndem Lächeln zu: »Ach, da bist du ja, meine liebe, liebe Schwester.« 53

54 WIE DAS Begegnen der Möwen und der Wogen ist unser Begegnen. Die Möwen fliegen davon, die Wogen rollen weiter, und wir ziehen jeder seine Straße.

55 MEIN TAG ist zu Ende, und ich bin wie ein Boot, das auf den Strand gezogen ist und am Abend der Tanzmusik der Flut lauscht.

56 DAS LEBEN ist ein Geschenk, das wir verdienen, indem wir es hingeben.

57 WIR KOMMEN der Größe am nächsten, wenn wir groß in Demut sind.

58 DER SPERLING bedauert den Pfau wegen der Last seines Schweifes.

59 FÜRCHTE dich nie vor den Augenblicken, so singt die Stimme des Ewigen.

60 DER ORKAN sucht den kürzesten Weg irgendwo, indem er keines Weges achtet, und endet plötzlich sein Suchen im Nirgendwo.

TRINK meinen Wein aus meinem eigenen Becher, mein Freund. 61
Er verliert seine Schaumkrone, wenn er in die Becher anderer gefüllt wird.

DER VOLLKOMMENE kleidet sich in Schönheit aus Liebe zum Unvollkommenen. 62

GOTT spricht zum Menschen: »Ich heile dich, darum verletze ich dich; ich liebe dich, darum züchtige ich dich.« 63

DANKE der Flamme für ihr Licht, aber vergiss nicht den Lampensockel, der mit treuer Geduld im Schatten steht. 64

IHR WINZIGEN Gräser, eure Schritte sind klein, aber die weite Erde breitet sich unter eure Füße. 65

DAS BLUMENKIND öffnet seine Knospe und ruft: »Liebe Welt, bitte, welke nicht!« 66

GOTT wird großer Königreiche überdrüssig, aber kleiner Blumen nie. 67

DAS UNRECHT kann sich keine Niederlage leisten, aber das Recht kann es. 68

69 »ICH GEBE freudig mein ganzes Wasser,« singt der Wasserfall, »wenn auch ein Weniges davon dem Durstigen genügt.«

70 WO IST der Springquell, der diese Blumen in endlos hervorbrechender Verzückung aufwirft?

71 DIE AXT des Holzhauers bat den Baum um Holz für einen Griff.
Der Baum gab es ihr.

72 IN DER Einsamkeit meines Herzens fühle ich das Seufzen dieses verwitweten Abends in seinem Schleier von Nebel und Regen.

73 KEUSCHHEIT ist ein Reichtum, der einem Überfluss von Liebe entspringt.

74 DER NEBEL spielt wie die Liebe auf dem Herzen der Hügel und zaubert Überraschungen von Schönheit hervor.

75 WIR LESEN die Welt verkehrt und sagen, dass sie uns täuscht.

76 WIND, der Dichter, schweift über die See und den Wald, um in ihnen seine eigene Stimme zu finden.

JEDES Kind bringt die Botschaft, dass Gott die Lust am Menschen noch nicht verloren hat. 77

DAS GRAS sucht sich mit seinesgleichen auf der Erde zu scharen. 78
Der Baum sucht die Einsamkeit der Lüfte.

DER MENSCH errichtet Barrikaden gegen sich selbst. 79

DEINE Stimme, mein Freund, geht in meinem Herzen um wie das gedämpfte Rauschen der See unter diesen lauschenden Tannen. 80

AUS WELCHER unsichtbaren Flamme des Dunkels sprühen diese Sterne? 81

LASS dein Leben schön sein wie Sommerblumen und deinen Tod leuchtend wie Herbstlaub. 82

WER GUTES tun möchte, klopft ans Tor; wer liebt, findet das Tor offen. 83

IM TOD wird eins aus vielerlei Gestalt; im Leben wird das Eine vielgestaltig. 84
Erst wenn Gott tot ist, wird es nur ein Bekenntnis geben.

85 DER KÜNSTLER ist der Liebhaber der Natur, daher ist er ihr Sklave und ihr Gebieter.

86 »WIE WEIT bist du von mir entfernt, o Frucht?«
»Ich bin in deinem Herzen verborgen, o Blüte.«

87 DIESE Sehnsucht geht nach dem Einen, den wir im Dunkel fühlen, aber im Tageslicht nicht sehen.

88 »DU BIST der große Tautropfen *unter* dem Lotusblatt, ich bin der kleinere *oben*«, sagte der Tautropfen zum See.

89 DIE SCHEIDE ist zufrieden mit ihrer Stumpfheit, wenn sie die Schärfe des Schwertes schützt.

90 IM DUNKEL erscheint das Eine als gleichförmig, im Licht erscheint das Eine als vielfältig.

91 DIE GROSSE Erde bedarf, um gastlich zu sein, der Hilfe des winzigen Grases.

92 GEBURT und Tod der Blätter sind die reißend schnellen Wirbel des Strudels, dessen weitere Kreise langsam zwischen den Sternen ziehen.

DIE MACHT sprach zur Welt: »Du bist mein.« 93
Die Welt hielt sie auf ihrem Thron gefangen.
Die Liebe sprach zur Welt: »Ich bin dein.«
Die Welt gab ihr die Freiheit ihres Hauses.

DER NEBEL gleicht der Sehnsucht der Erde; er verbirgt die Sonne, nach der sie weint. 94

SEI STILL, mein Herz, diese großen Bäume sind Gebete. 95

DER LÄRM des Augenblicks verhöhnt die Musik des Ewigen. 96

ICH DENKE an die Jahrtausende, die auf dem Strom des Lebens und der Liebe und des Todes dahinflössen und vergessen sind, und ich fühle die Befreiung, die im Vergehen liegt. 97

DIE TRAURIGKEIT ist der Brautschleier meiner Seele. 98
Er wartet auf die Stille der Nacht, dass sie ihn lüfte.

DER STEMPEL des Todes gibt der Münze des Lebens ihren Wert und macht es ihr möglich, das zu kaufen, was wahren Wert hat. 99

100 DIE WOLKE stand demütig in einer Ecke des Himmels. Der Morgen krönte sie mit Glanz.

101 DER STAUB empfängt Schmähungen und bietet uns seine Blumen als Gegengabe.

102 HALTE dich nicht damit auf, Blumen zu pflücken, um sie für später zu bewahren, sondern wandere fort, denn Blumen werden sich für dich in Blüte erhalten deinen ganzen Weg entlang.

103 WURZELN sind die Zweige, die hinab in die Erde greifen. Zweige sind die Wurzeln, die sich in die Lüfte strecken.

104 DIE MUSIK des fernen Sommers umflattert den Herbst und sucht ihr früheres Nest.

105 BELEIDIGE deinen Freund nicht, indem du ihm Verdienst aus deiner eigenen Tasche leihst.

106 DIE BERÜHRUNG der namenlosen Tage klammert sich um mein Herz wie Moos um den alten Baum.

107 DAS ECHO verspottet seinen Ursprung, um seine Originalität zu beweisen.

GOTT schämt sich, wenn der Erfolgreiche sich seiner besonderen Gunst rühmt. 108

MEIN dunkles Selbst wirft seinen Schatten auf meinen Weg, weil die Lampe der Liebe in mir nicht angezündet ist. 109

DER MENSCH geht in den Lärm der Menge, um den Schrei seines eigenen Schweigens zu übertäuben. 110

WAS MIT Erschöpfung endet, ist Tod. Das vollkommene Ende mündet ins Endlose. 111

DIE SONNE hat ihr einfaches Gewand von Licht. Die Wolken sind mit stolzer Pracht geschmückt. 112

DIE HÜGEL sind wie jauchzende Kinder, die ihre Arme emporstrecken und versuchen, die Sterne zu fangen. 113

DIE STRASSE ist einsam unter der Menge, denn sie ist ungeliebt. 114

DIE MACHT, die sich ihrer Untaten rühmt, wird verlacht von dem fallenden Laub und den vorbeiziehenden Wolken. 115

116 DIE ERDE summt mir heute im Sonnenschein wie ein Weib am Spinnrad ein Lied aus alter Zeit in einer längst vergessenen Sprache.

117 DER GRASHALM ist der großen Erde, auf der er wächst, würdig.

118 DER TRAUM ist ein Weib, das schwatzen muss.
Der Schlaf ist ein Gatte, der schweigend duldet.

119 DIE NACHT küsst den verblassenden Tag und flüstert ihm ins Ohr: »Ich bin der Tod, deine Mutter. Durch mich sollst du neu geboren werden.«

120 ICH FÜHLE deine Schönheit, dunkle Nacht, wie die der Geliebten, wenn sie die Lampe gelöscht hat.

121 ICH TRAGE in meiner blühenden Welt die Welten, die nicht zur Blüte gelangt sind.

122 MEIN FREUND, wenn ich diesen Wogen lausche, so sehe ich dich manchen sinkenden Abend am Strand sitzen und fühle das Schweigen deiner großen Gedanken.

123 DER VOGEL glaubt, er tut dem Fisch etwas Gutes, wenn er ihn in die Luft hebt.

»DURCH den Mond schickst du mir deine Liebesbotschaft«, sprach die Nacht zur Sonne. 124
»Die Tränen auf dem Gras sind meine Antwort.«

DER GROSSE ist ein geborenes Kind. Wenn er stirbt, hinterlässt er der Welt die große Botschaft des Kindes. 125

NICHT Hammerhiebe, sondern der Tanz des Wassers rundet den Kiesel zu Schönheit. 126

DIE BIENEN schlürfen Honig aus den Blumen und summen ihren Dank, wenn sie davonfliegen. 127
Der prunkende Schmetterling ist sicher, dass die Blumen ihm Dank schulden.

ES IST leicht, freimütig zu sein, wenn man sich nicht die Mühe nimmt, die ganze Wahrheit zu sagen. 128

DAS MÖGLICHE fragt das Unmögliche: »Wo ist dein Wohnsitz?« 129
»In den Träumen der Schwächlinge«, ist die Antwort.

WENN ihr eure Türen allen Irrtümern verschließt, schließt ihr die Wahrheit aus. 130

131 ICH HÖRE hinter der Traurigkeit meines Herzens ein Rascheln von Dingen – ich sehe sie nicht.

132 MUSSE, wenn sie schafft, ist Arbeit.
Die Stille der See regt sich in Wogen.

133 DAS BLATT wird zur Blüte, wenn es liebt.
Die Blüte wird zur Frucht, wenn sie anbetet.

134 DIE WURZELN unter der Erde fordern keinen Lohn dafür, dass sie die Zweige fruchtbar machen.

135 DER WIND ist ruhelos an diesem regnerischen Abend.
Ich sehe die schwankenden Zweige an und denke der Größe aller Dinge nach.

136 DER MITTERNÄCHTLICHE Sturm ist wie ein Riesenkind, das zur Unzeit im Dunkel erwacht und zu spielen und lärmen beginnt.

137 DU ERHEBST deine Wogen vergeblich, um deinem Geliebten zu folgen, o See, du einsame Braut des Sturmes.

138 »ICH SCHÄME mich meiner Leere«, sagte das Wort zum Werk.
»Wenn ich dich sehe, erkenne ich, wie arm ich bin«, sagte das Werk zum Wort.

DIE ZEIT ist ewig wechselnde Fülle, aber die Parodie der Uhr macht sie zu bloßem Wechsel ohne Fülle. 139

IN TATSACHEN gekleidet fühlt die Wahrheit sich eingeengt. 140
Im Gewand der Dichtung bewegt sie sich leicht und frei.

ALS ICH hierhin und dorthin reiste, o Straße, ward ich deiner überdrüssig, doch jetzt, wo du mich überallhin führst, bin ich dir in Liebe vermählt. 141

LASST den Gedanken mir Halt sein, dass unter den Sternen dort einer ist, der mein Leben durch das dunkle Unbekannte führt. 142

O WEIB, mit der Anmut deiner Finger berührtest du meine Welt, und die Musik der Ordnung brach aus ihr hervor. 143

EINE TRAURIGE Stimme hat ihr Nest unter den Trümmern der Jahre. 144
Sie singt mir leise in der Nacht: »Ich liebte dich.«

DAS FLAMMENDE Feuer warnt mich schon durch seine eigene Glut. 145
Schützt mich vor den glimmenden Funken, die unter der Asche verborgen sind.

146 ICH HABE meine Sterne am Himmel. Doch wehe! Meine kleine Lampe steht unangezündet in meinem Haus.

147 DER STAUB der toten Worte haftet an dir.
Bade deine Seele in Schweigen.

148 IM LEBEN sind Lücken geblieben, durch die die traurige Musik des Todes eindringt.

149 DIE WELT hat ihr Herz dem Morgen geöffnet, und das Licht strömt hervor.
Auf, mein Herz, dass deine Liebe ihm entgegeneile.

150 MEINE Gedanken schimmern wider von diesen schimmernden Blättern und mein Herz singt von der Berührung dieses Sonnenlichtes; mein Leben ist froh, mit allen Dingen dahinzuschweben, hinein ins Blau des Raumes und ins Dunkel der Zeit.

151 GOTTES große Macht ist im sanften Säuseln, nicht im Sturm.

152 DIES DASEIN ist ein Traum, in dem die Dinge alle ohne Zusammenhang sind und mich bedrücken. Wenn ich erwache, werde ich sie in dir vereint finden und frei sein.

»WER IST da, der meine Pflichten auf sich nimmt?«, fragte 153
die untergehende Sonne.
»Ich werde tun, was ich kann, meine Herrin«, sagte die irdene Lampe.

NICHT, indem du die Blüte zerzupfst, wirst du ihre Schön- 154
heit erfassen.

SCHWEIGEN hält deine Stimme geborgen wie das Nest 155
die schlummernden Vöglein.

DAS GROSSE scheut sich nicht, mit dem Geringen zu 156
gehen.
Das Mittelmäßige hält sich abseits.

DIE NACHT öffnet heimlich die Blüten und lässt den Tag 157
den Dank davontragen.

DIE MACHT schilt das Stöhnen ihrer Opfer als Undank. 158

WENN wir uns unsrer Fülle freuen, geben wir mit Freuden 159
unsre Früchte hin.

DIE REGENTROPFEN küssten die Erde und flüsterten: 160
»Wir sind deine heimwehkranken Kinder, o Mutter, die vom Himmel zu dir zurückgekehrt sind.«

161 DIE SPINNE behauptet, sie breite ihr Netz für die Tauperlen aus – und fängt Fliegen.

162 O LIEBE! Wenn du mit der brennenden Lampe des Schmerzes in der Hand zu mir kommst, sehe ich dein Antlitz und erkenne dich als höchste Wonne.

163 »DIE GELEHRTEN sagen, dass euer Licht eines Tages erlöschen wird«, sagten die Leuchtkäfer zu den Sternen.
Die Sterne gaben keine Antwort.

164 IM ABENDDUNKEL kommt der Vogel einer frühen Morgendämmerung an das Nest meines Schweigens geflogen.

165 GEDANKEN ziehen an meinem Geist vorüber wie Scharen von Schwänen am Himmel.
Ich höre den Gesang ihrer Schwingen.

166 DER KANAL gefällt sich in der Vorstellung, dass die Flüsse nur dazu da sind, ihn mit Wasser zu versorgen.

167 DIE WELT hat meine Seele mit ihrem Schmerz geküsst, dass sie in Liedern Antwort gebe.

WAS ist es, das mich bedrängt? Ist es meine Seele, die ver- 168
sucht, ins Freie zu gelangen, oder die Seele der Welt, die
Einlass fordernd an mein Herz pocht?

DER GEDANKE wächst, indem er sich von seinen eigenen 169
Worten nährt.

ICH HABE das Gefäß meines Herzens in diese schwei- 170
gende Stunde getaucht; es hat sich mit Liebe gefüllt.

ENTWEDER hast du Arbeit, oder nicht. 171
Wenn du sagen musst: »Lasst uns etwas tun«, dann entsteht
Unheil.

DIE SONNENBLUME schämte sich, die namenlose Blu- 172
me als ihre Verwandte anzuerkennen.
Da ging die Sonne auf und lächelte der Verachteten freundlich zu und fragte: »Wie geht es dir, mein Liebling?«

»WER TREIBT mich vorwärts wie das Schicksal?« 173
»Das Selbst, das auf deinem Rücken reitet.«

DIE WOLKEN füllen die Wasserbecher der Flüsse, indem 174
sie sich hinter den fernen Hügeln verbergen.

175 ICH VERSCHÜTTE das Wasser aus meinem Krug, während ich meine Straße dahinziehe.
Sehr wenig bleibt mir für mein Heim.

176 DAS WASSER im Gefäß schimmert hell; das Wasser im Meer ist dunkel.
Die kleine Wahrheit hat Worte, die klar und durchsichtig sind; die große Wahrheit hat unergründliches Schweigen.

177 DEIN Lächeln war die Blüte deiner eigenen Felder, deine Rede war das Rauschen deiner eigenen Bergtannen, doch dein Herz war das Weib, das wir alle kennen.

178 DIE KLEINEN Dinge sind es, die ich meinen Lieben zurücklasse – große Dinge sind für alle da.

179 WEIB, du hältst das Herz der Welt mit deinen Tränen umschlungen, wie das Meer die Erde.

180 DER SONNENSCHEIN grüßt mich mit einem Lächeln.
Der Regen, sein trauriger Bruder, spricht zu meinem Herzen.

181 DIE BLÜTE meines Tages stand vergessen da und ließ ihre Blätter fallen.
Nun, da der Abend gekommen, reift sie zur goldenen Frucht der Erinnerung.

ICH GLEICHE der nächtlichen Straße, die schweigend auf die Tritte ihrer Erinnerungen horcht. 182

DER ABENDHIMMEL ist mir wie ein Fenster – und eine brennende Lampe – und ein Warten dahinter. 183

WER ZU geschäftig Gutes tut, hat nicht die Zeit, gut zu *sein*. 184

ICH BIN die Herbstwolke, arm an Regen; seht meine Fülle in dem reifen Reisfeld! 185

SIE HASSTEN und töteten, und die Menschen priesen sie. Aber Gott fühlt die Schmach und eilt, ihr Andenken unter dem grünen Gras zu verbergen. 186

DIE ZEHEN sind die Finger, die ihrer Vergangenheit untreu geworden sind. 187

DIE DUNKELHEIT wandert dem Licht zu, aber die Blindheit dem Tod. 188

DER SCHOSSHUND hat das Weltall im Verdacht, dass es ihn von seinem Platz verdrängen will. 189

190 SITZ STILL, mein Herz, wirble keinen Staub auf.
Lass die Welt den Weg zu dir finden.

191 DER BOGEN flüstert dem Pfeil zu, bevor er enteilt: »Deine Freiheit ist die meine.«

192 WEIB, in deinem Lachen hast du die Musik der Bronnen des Lebens.

193 EIN GEIST, der nur Logik ist, gleicht einem Messer, das nichts ist als Klinge.
Die Hand wird blutig beim Gebrauch.

194 GOTT liebt des Menschen Lampenlicht mehr als seine eigenen großen Sterne.

195 DIESE WELT ist die Welt der wilden Stürme, die durch die Musik der Schönheit gezähmt sind.

196 »MEIN HERZ ist der goldene Schrein für deinen Kuss«, sagte die Abendwolke zur Sonne.

197 DEINE Berührung tötet vielleicht, was dein Fernbleiben dir zu eigen geben kann.

DAS ZIRPEN des Heimchens und das Plätschern des Regens kommen durch das Dunkel zu mir wie leise Träume meiner vergangenen Jugend. 198

»ACH, ich habe meinen Tautropfen verloren«, ruft die Blume dem Morgenhimmel zu, der all seine Sterne verloren hat. 199

DAS BRENNENDE Holzscheit bricht in Flammen aus und ruft: »Dies ist meine Blüte, mein Tod!« 200

DIE WESPE meint, dass die Honigwabe der benachbarten Bienen zu klein ist.
Ihre Nachbarn raten ihr, eine noch kleinere zu bauen. 201

»ICH KANN deine Wogen nicht festhalten«, sagt das Ufer zum Fluss.
»Lass mich deine Fußspuren in meinem Herzen bewahren.« 202

DER TAG übertäubt mit dem Lärm dieser kleinen Erde das Schweigen aller Welten. 203

DAS LIED berührt das Unendliche in der Luft, das Bild berührt es auf der Erde, die Dichtung in der Luft und auf der Erde.
Denn der Sinn ihrer Worte haftet an der Erde, doch ihre Musik schwingt sich empor. 204

205 WENN die Sonne sich zum Westen neigt, steht der Osten ihres Aufgangs schweigend vor ihr.

206 GIB, dass ich mich nicht meiner Welt verkehrt gegenüberstelle und sie mir zum Feinde mache.

207 LOB beschämt mich, denn heimlich bettle ich darum.

208 LASS mein Nichtstun, wenn nichts zu tun ist, voll ungetrübten tiefen Friedens sein, wie der Abend am Strand, wenn die See schweigt.

209 MÄDCHEN, deine schlichte Einfalt gleicht der Bläue des Sees, sie offenbart die Tiefe deines Wesens.

210 DAS BESTE kommt nicht allein. Es kommt in Begleitung des Alls.

211 GOTTES rechte Hand ist sanft, doch furchtbar ist seine Linke.

212 MEIN Abend kam zu mir unter den fremden Bäumen und redete in einer Sprache, die meine Morgensterne nicht kannten.

DAS DUNKEL der Nacht gleicht einer Hülle, die von dem Gold des Morgenlichts gesprengt wird. 213

UNSER Verlangen gibt den bloßen Nebeln und Dünsten des Lebens die leuchtenden Farben des Regenbogens. 214

GOTT wartet, dass er seine eigenen Blumen als Gaben aus der Menschen Hand zurückempfange. 215

MEINE trüben Gedanken quälen mich, indem sie mich nach ihrem eigenen Namen fragen. 216

DAS OPFER der Frucht ist kostbar, das Opfer der Blume ist süß, doch mein Opfer lass dem der Blätter gleichen, die mit dem Schatten frommer Demut dir dienen. 217

MEIN Herz hat seine Segel den müßigen Winden gebreitet, dass sie es forttragen nach der Schatteninsel Irgendwo. 218

DIE MENSCHEN sind grausam, aber der Mensch ist gütig. 219

MACHE mich zu deinem Becher und lass meine Fülle für dich und die Deinen sein. 220

221 DER STURM ist wie der Schmerzensschrei eines Gottes, dessen Liebe die Erde verschmäht.

222 DIE WELT hat kein Leck, denn der Tod ist kein Riss.

223 DAS LEBEN ist reicher geworden durch die Liebe, die verloren ist.

224 MEIN Freund, dein großes Herz erstrahlte beim Sonnenaufgang des Ostens wie der schneeige Gipfel eines einsamen Berges im Morgenlicht.

225 DER SPRINGQUELL des Todes macht das stille Wasser des Lebens spielen.

226 DIE ALLES haben außer dir, mein Gott, lachen über die, die nichts haben als dich.

227 DIE BEWEGUNG des Lebens hat ihre Ruhe in ihrer eigenen Musik.

228 FUSSTRITTE lassen nur Staub, doch keine Ernten von der Erde aufsteigen.

UNSRE Namen gleichen dem Licht, das des Nachts auf den Wogen glüht und dann schwindet, ohne eine Spur zurückzulassen. 229

LASST nur den die Dornen sehen, der Augen für die Rose hat. 230

FASST die Flügel des Vogels in Gold, und er wird sich nie wieder in die Lüfte schwingen. 231

DER LOTUS unsres Klimas blüht hier im fremden Wasser mit derselben Lieblichkeit unter anderem Namen. 232

DEM BLICK des Herzens ist das Ferne weithin sichtbar. 233

DER MOND schüttet sein Licht über den ganzen Himmel aus, die dunklen Flecke behält er für sich. 234

SAGE nicht: »Es ist Morgen«, um ihn dann mit seinem Namen von gestern zu entlassen. Blick ihn an, zum ersten Mal, wie ein neugeborenes Kind, das noch keinen Namen hat. 235

DER RAUCH rühmt sich vor dem Himmel und die Asche vor der Erde, dass sie Brüder des Feuers sind. 236

237 DER REGENTROPFEN flüsterte dem Jasmin zu: »Behalte mich für immer in deinem Herzen.«
Der Jasmin seufzte und fiel zur Erde.

238 IHR SCHÜCHTERNEN Gedanken, fürchtet euch nicht vor mir.
Ich bin ein Dichter.

239 DAS DUNKLE Schweigen meiner Seele ist wie erfüllt von Heimchengezirp – dem Dämmergrau in der Welt der Töne.

240 IHR RAKETEN, die ihr die Sterne schmäht, eure Schmähung fällt mit euch zurück zur Erde.

241 DU HAST mich durch das Gedränge meines Tages zur Einsamkeit meines Abends geführt.
Ich horche in die Stille der Nacht, um seinen Sinn zu erfahren.

242 DIES Leben ist die Fahrt über ein Meer, bei der wir auf demselben engen Schiff uns begegnen.
Im Tod erreichen wir das Ufer und gehen jeder in seine Welt.

243 DER STROM der Wahrheit fließt durch Kanäle von Irrtümern.

MEIN Herz ist heute heimwehkrank nach der süßen Stunde jenseits des Meeres der Zeit. 244

DAS LIED des Vogels ist der Echogruß der Erde an das Morgenlicht. 245

»BIST du zu stolz, dich von mir küssen zu lassen?«, fragt das Morgenlicht die Butterblume. 246

»WIE KANN ich dich lobpreisen und dir dienen, o Sonne?«, fragte die kleine Blume. 247
»Durch deine schweigende Reinheit«, erwiderte die Sonne.

WENN der Mensch ein Tier ist, ist er schlimmer als ein Tier. 248

DUNKLE Wolken werden zu Blumen des Himmels, wenn das Licht sie küsst. 249

DIE KLINGE des Schwertes soll nicht ihren Griff wegen seiner Stumpfheit verspotten. 250

DAS SCHWEIGEN der Nacht glüht geheimnisvoll wie eine ferne Lampe hoch oben im Licht der Milchstraße. 251

252 UM DIE sonnige Insel des Lebens wallt Tag und Nacht des Todes ewiger Meeresgesang.

253 GLEICHT nicht dieser Berg einer Blume, deren Blätterkranz von Hügeln durstig das Sonnenlicht trinkt?

254 DAS UNWIRKLICHE ist das Wirkliche, dessen Sinn falsch gelesen und dessen Nachdruck verschoben ist.

255 NIMM von dem rhythmischen Tanz der Welt deine Schönheit, mein Herz, wie das Boot seine Anmut von Wind und Wellen.

256 DIE AUGEN sind nicht stolz auf ihre Sehkraft, sondern auf ihre Brille.

257 ICH LEBE in dieser meiner kleinen Welt und fürchte mich, das Geringste davon zu verlieren. Erhebe mich in deine Welt und gib mir die Freiheit, freudig mein Alles hinzugeben.

258 DIE LÜGE kann nie zu Wahrheit werden dadurch, dass sie an Macht wächst.

259 MEIN Herz möchte mit seinen Liederwellen die grünen Ufer dieser sonnigen Welt zärtlich umplätschern.

260 GRAS am Weg, liebe den Stein, so werden deine Träume sich in Blüten entfalten.

LASS deine Musik wie ein Schwert dem Lärm des Marktes ins Herz dringen. 261

DIE ZITTERNDEN Blätter dieses Baumes berühren mein Herz wie die Finger eines neugeborenen Kindchens. 262

MEINER Seele Traurigkeit ist ihr Brautschleier. 263
Er wartet darauf, des Nachts gelüftet zu werden.

DIE KLEINE Blume liegt im Staub. 264
Sie suchte den Pfad des Schmetterlings.

ICH BIN in der Welt der Straßen. 265
Die Nacht kommt, öffne dein Tor, du Welt des Heims.

ICH HABE dir Lieder gesungen am sonnigen Tag. 266
Nun, da es Nacht ist, lass mich dir die Lampe vorantragen auf dem stürmischen Pfad.

ICH LADE dich nicht ins Haus. 267
Komm in meine unendliche Einsamkeit, mein Freund.

GEBURT und Tod gehören zum Leben, wie das Heben und Senken des Fußes zum Gehen gehört. 268

269 ICH HABE den einfachen Sinn deiner Botschaft verstanden, die Blumen und Sonnenschein mir flüstern – lehre mich die Worte verstehen, die Schmerz und Tod mir raunen.

270 DIE BLUME der Nacht kam zu spät, als der Morgen sie küsste; sie erschauerte und seufzte und sank zu Boden.

271 DURCH die Traurigkeit aller Dinge höre ich den leisen Gesang der ewigen Mutter.

272 ICH KAM an deine Küste als ein Fremdling, ich wohnte in deinem Haus als ein Gast, ich verlasse deine Schwelle als ein Freund, meine Erde.

273 LASST, wenn ich gegangen bin, meine Gedanken zu euch kommen, wie das Nachglühen des Sonnenuntergangs am Rand des Sternenschweigens.

274 ENTZÜNDE in meinem Herzen den Abendstern der Ruhe, und dann lass die Nacht mir von Liebe flüstern.

275 ICH BIN ein Kind im Dunkel.
Ich strecke meine Hände empor aus der Decke der Nacht nach dir, Mutter.

276 DIE ARBEIT des Tages ist getan. Birg mein Antlitz in deinem Schoß, Mutter.
Lass mich träumen.

DIE LAMPE der Begegnung brennt lange; sie erlischt im 277
Moment des Scheidens.

DIES eine Wort bewahre für mich in deinem Schweigen, o 278
Welt, wenn ich gestorben bin: »Ich habe geliebt.«

WIR LEBEN in dieser Welt, solange wir sie lieben. 279

LASST den Toten die Unsterblichkeit des Ruhms zuteil- 280
werden, aber den Lebenden die Unsterblichkeit der Liebe.

ICH HABE dich gesehen, wie das halb erwachte Kind im 281
Morgendämmer die Mutter sieht und lächelt und wieder
einschläft.

ICH WERDE wieder und wieder sterben, um zu wissen, 282
dass das Leben unerschöpflich ist.

WÄHREND ich mit der Menge auf der Straße vorüber- 283
ging, sah ich dich vom Balkon lächeln, und ich sang und
vergaß allen Lärm.

DIE LIEBE ist das Leben in seiner Fülle, wie der Becher 284
voll Wein.

285 SIE ZÜNDEN ihre eigenen Lampen an und singen ihre eigenen Worte in ihren Tempeln.
Aber die Vögel singen deinen Namen in deinem eigenen Morgenlicht – denn dein Name ist Freude.

286 LASS MICH eintauchen in die Tiefe deines Schweigens und mein Herz mit Liedern füllen.

287 MÖGEN die, die es vorziehen, in ihrer Welt zischender Raketen leben.
Mein Herz verlangt nach deinen Sternen, mein Gott.

288 DER LIEBE Schmerz umsang mein Leben wie die unergründliche See, und der Liebe Freude sang wie Vögel in seinen blühenden Hainen.

289 LÖSCHE die Lampe, wenn du willst.
Ich werde dein Dunkel erkennen und es lieben.

290 WENN ich am Ende meines Tages vor dir stehe, wirst du meine Narben sehen und wissen, dass ich Wunden empfing und Heilung fand.

291 EINES Tages werde ich im Sonnenaufgang einer andern Welt dir singen: »Ich sah dich schon im Licht der Erde, in der Liebe des Menschen.«

WOLKEN kommen aus fernen Tagen in mein Leben geschwebt, nicht mehr, um Regen oder Sturm zu bringen, sondern um meinen Abendhimmel mit Farben zu schmücken. 292

DIE WAHRHEIT erregt einen Sturm gegen sich, der ihren Samen mit breitem Wurf ausstreut. 293

DER STURM der vergangenen Nacht hat diesen Morgen mit goldenem Frieden gekrönt. 294

DIE WAHRHEIT scheint ihr letztes Wort zu sprechen, aber das letzte Wort gebiert ein neues. 295

GLÜCKSELIG ist der, dessen Ruhm nicht seine Wahrheit überstrahlt. 296

DIE LIEBLICHKEIT deines Namens leuchtet in meinem Herzen, wenn ich den meinen vergesse, wie die Morgensonne, wenn der Nebel geschmolzen. 297

DIE SCHWEIGENDE Nacht hat die Schönheit der Mutter und der lärmende Tag die des Kindes. 298

DIE WELT liebte den Menschen, als er lächelte. Sie fing an, ihn zu fürchten, als er lachte. 299

300 GOTT wartet, dass der Mensch seine Kindheit wiederfinde in Weisheit.

301 LASS mich diese Welt empfinden als deine Liebe, die in ihr Gestalt nimmt, dann wird meine Liebe ihr helfen.

302 DEIN Sonnenschein lächelt freundlich auf die Wintertage meines Herzens und zweifelt nicht an seinen Frühlingsblüten.

303 GOTT küsst das Endliche in seiner Liebe und der Mensch das Unendliche.

304 DU DURCHWANDERST wüste Strecken unfruchtbarer Jahre, um zum Augenblick deiner Erfüllung zu gelangen.

305 GOTTES Schweigen reift die Gedanken des Menschen zu Rede.

306 EWIGER Wandrer, du wirst Spuren deiner Tritte in meinen Liedern finden.

307 LASS mich dir nicht Schande machen, Vater, der du deine Herrlichkeit in deinen Kindern offenbarst.

TRÜB ist der Tag; das Licht duckt sich scheu unter den drohenden Wolken wie ein bestraftes Kind, mit Tränenspuren auf den blassen Wangen, und der Schrei des Sturmes ist wie der Schrei einer verwundeten Welt. Doch ich wandre getrost weiter, denn ich weiß, ich werde meinem Freund begegnen. 308

DIE PALMBLÄTTER regen sich unruhig heute Nacht, o Vollmond, und die See schwillt hoch, als ob das Herz der Welt stürmisch pochte. Von welchem unbekannten Himmel hast du in deinem Schweigen das schmerzende Geheimnis der Liebe hergetragen? 309

ICH TRÄUME von einem Stern, einer Insel von Licht, wo ich einst geboren werde und wo im tiefsten Schoß ihrer kraftspendenden Stille mein Leben seine Werke zur Reife bringen wird wie das Reisfeld in der Herbstsonne. 310

DER GERUCH der regennassen Erde steigt auf wie ein großer Lobgesang von der stummen Menge der Geringen. 311

DASS LIEBE je verloren gehen kann, ist eine Tatsache, die wir nicht als Wahrheit hinnehmen können. 312

WIR WERDEN eines Tages wissen, dass der Tod uns nie das rauben kann, was unsre Seele gewonnen hat, denn ihr Gewinn ist eins mit ihr selbst. 313

314 GOTT kommt zu mir in der Dämmerung meines Abends, mit den Blumen meiner Vergangenheit noch frisch in seinem Korb.

315 WENN alle Saiten meines Lebens gestimmt sind, mein Meister, dann wird bei jeder Berührung von dir die Musik der Liebe aus ihnen erklingen.

316 GIB, dass ich in der Wahrheit lebe, mein Gott, auf dass ich in der Wahrheit sterben kann.

317 DIE GESCHICHTE der Menschheit wartet geduldig auf den Triumph des geschmähten Menschen.

318 ICH FÜHLE in diesem Augenblick deinen Blick auf meinem Herzen ruhen, wie das sonnige Schweigen des Morgens auf dem einsamen Feld, dessen Ernte vorüber ist.

319 ICH SEHNE mich nach der Insel des Gesanges jenseits dieser wogenden See von Geschrei.

320 DIE MUSIK der Nacht beginnt mit dem Präludium des Sonnenuntergangs, mit ihrer feierlichen Hymne an das unergründliche Dunkel.

ICH HABE die Bergspitze erklommen und kein Obdach gefunden auf der kahlen, unfruchtbaren Höhe des Ruhms. Bring mich, mein Führer, bevor das Licht schwindet, in das Tal der Ruhe, wo die Ernte des Lebens zu goldener Weisheit reift. 321

DIE DINGE sehen fantastisch aus in diesem trüben Dämmerlicht – Kirchtürme, die in der Luft schweben, und Baumkronen wie Tintenkleckse. Ich werde auf den Morgen warten und beim Erwachen deine Stadt im Licht sehen. 322

ICH HABE Leid und Verzweiflung erfahren und den Tod kennengelernt, und ich freue mich, in dieser großen Welt zu sein. 323

ES GIBT kahle, stille Strecken in meinem Leben. Dies sind die freien Plätze, die meinen geschäftigen Tagen Licht und Luft gaben. 324

BEFREIE mich von meiner unerfüllten Vergangenheit, die sich von hinten an mich klammert und mir das Sterben schwer macht. 325

LASS dies mein letztes Wort sein, dass ich auf deine Liebe baue. 326

Im gleichen Verlag

von Rabindranath Tagore:

Meine Lebens-
erinnerungen
ISBN 978-3-932337-30-7

Sadhana
Der Weg zur Vollendung
ISBN 978-3-932337-15-4

Hohe Lieder (Gitanjali)
ISBN 978-3-932337-18-5

Der Gärtner
Gedichte von der Liebe
und vom Leben
ISBN 978-3-932337-34-5

Persönlichkeit
ISBN 978-3-932337-40-6

Im Garten der Gottesliebe
112 Gedichte des indischen Mystikers Kabir (15. Jh.)
nach der Übersetzung von Rabindranath Tagore
ISBN 978-3-932337-17-8